中国环境新闻研究

第一卷·信息公开

王积龙 郭舒 主编

SPM
南方出版传媒
花城出版社
中国·广州

图书在版编目（CIP）数据

中国环境新闻研究. 第一卷，信息公开 / 王积龙，郭舒主编. -- 广州 : 花城出版社，2018.8
（给绿中国书系）
ISBN 978-7-5360-8694-4

Ⅰ. ①中… Ⅱ. ①王… ②郭… Ⅲ. ①环境保护－新闻工作－信息公开－研究－中国 Ⅳ. ①G219.2

中国版本图书馆CIP数据核字(2018)第157681号

出 版 人：詹秀敏
责任编辑：揭莉琳
技术编辑：凌春梅
封面设计：林露茜
封面图片：葛玉修

书　　名	中国环境新闻研究. 第一卷，信息公开 ZHONGGUO HUANJING XINWEN YANJIU DI YI JUAN XINXI GONGKAI
出版发行	花城出版社 （广州市环市东路水荫路 11 号）
经　　销	全国新华书店
印　　刷	佛山市浩文彩色印刷有限公司 （广东省佛山市南海区狮山科技工业园 A 区）
开　　本	880 毫米×1230 毫米　32 开
印　　张	7　5 插页
字　　数	170,000 字
版　　次	2018 年 8 月第 1 版　2018 年 8 月第 1 次印刷
定　　价	38.00 元

如发现印装质量问题，请直接与印刷厂联系调换。
购书热线：020－37604658　37602954
花城出版社网站：http://www.fcph.com.cn

环境新闻工作者风采

2016年8月30日，陈杰在海拔5800米拍摄长江源格拉丹东姜古迪如冰川。

葛玉修在冰湖拍天鹅，乐趣比苦多！

汪永晨正在录怒江的水声。

奚志农在野外拍摄野生动物。

杨欣在通天河考察。

《长沙晚报》鸟类保护采访记者李锋。

兰州石化旁边，居民在接受《南方都市报》记者刘伊曼的采访。

学术顾问（按姓氏拼音排序）：

葛岩　李本乾　汪永晨　吴旦　杨明森　张国良

序

科学技术的飞速发展，使人类物质生活得以极大丰富，但同时，导致地球生态不断受到破坏，环境问题日益严峻，这已经不是一个只靠坐而论道就能解决的学术课题，而是一个必须起而行之、集众人之力并持之以恒，才有望完成的重大实践任务。

综观发达国家治理环境的历程，通常都经过“媒体呼吁→舆论觉醒→行政重视→法律作为→企业落实（→媒体监督……）”这样一个循环。可见，在行动的链条中，媒体环节的作用十分突出，而且，往往扮演先锋、向导的角色。

媒体之所以责任重大，理由是显而易见的，因为，只有环境问题的危害性、严重性、紧迫性被充分揭示出来，才有可能唤起民众、警醒社会。也就是说，面对各种环境问题，一般来说，只要媒体通过准确呈现事实、深入挖掘根源、细致分析原因、持续发布信息、理性讨论对策等工作，就能有效引导舆论，促使相关问题被列入国家议程，从而找到解决的途径。

当然，媒体的传播既是要紧的，又是不够的，在此过程中，必须汇集社会各界，包括学界、政界、业界、科技界、法律界以及各种民间团体的有识之士，形成合力，共同奋斗，这无疑是一项功在当代、利在千秋的伟业。

可喜的是，在中国，也有这样一批志同道合者，为了人民及其后代的长远利益，他们不畏艰难险阻，始终如一地跋涉在这条荣光而崎岖的道路上，令人感佩。

本书主编积龙博士，就是其中的佼佼者之一，他多年来从事环境新闻、环境传播的研究，成果斐然。尤其值得称赞的是，他不是停留在书斋中，而是投身实践，深入一线，与众多的媒体工作者打成一片，并成立了研究机构，举办专题论坛，出版相关著述。所有这些举措，对于推动中国环境新闻、环境传播的理论和实践，都具有十分显著的积极意义。

综而言之，积龙博士与其同仁们的卓有成效的行动，体现了一种精神，即“心系天下、术有专攻、善于思考、勇于实践”。这种难能可贵的精神，倘能发扬光大，蔚然成风，则我深信，中国的年轻一代，中国的环境传播和环境治理事业，大有希望。

是为序。

张国良

2016年7月

（张国良，现任上海交通大学特聘教授、博士生导师，全球传播研究院院长。）

目录

PART ONE

第一章

热点话题　聚焦绿新闻

论环境新闻的泛政治化特征

杨明森

杨明森，《中国生态文明》总编辑，中国产业报协会副会长，高级编辑，中国传媒大学博士生导师，贵州民族大学兼职教授。曾长期担任中国环境报社社长兼总编辑，带领《中国环境报》进入中国专业报品牌10强、中国报纸50强以及全国百强报刊。从事新闻工作近40年，历任多家报刊副总编辑、总编辑。著有《报纸版面美学》《报纸的美学魅力》《教师美学》《杏花开了》等9部作品；主编有《全国优秀报纸版面选编》等10余种作品。

环境问题的实质是什么？我们可以从不同角度作出解读，说环境问题的实质是技术问题，或者是利益问题、经济问题、社会问题，都不错。可是，不管沿着哪一条研究路线深入下去，最终都会归于一个指向，就是政治。起码在现阶段，环境问题已经泛政治化，环境新闻也不可避免地政治化了。

环境新闻的范围正在扩大，一些以前的政治、经济、外交乃至时尚新闻，逐渐成为环境新闻。

社会各界都熟悉的气候变化，其实在中国并不是环境保护问题，在其他国家也未必与环境保护有多大关系。我个人也高度怀疑所谓全球变暖的确定性。碳和硫标志着两个发展阶段，二氧化碳目前在中国还不是污染物。二氧化碳只是让人不舒服，暂时不会要命，而以二氧化硫为代表的一些污染物则可能呛死人，毒死人。硫的问题没有解决，还顾不上二氧化碳。我们的当务之急，是在保命的前提下加快发展，还不能像西方发达国家生活得那么精致、考虑得那么远。中国的碳减排，归国家发改委管理，属于发展话题、精英话题、外交话题。环境保护部对二氧化碳的减排没有责任，也没有太大的话语权。但是，关于气候变化和碳减排，媒体就是当作环境新闻来报道的，社会公众也是当作环境新闻来看的，实际上已经成为环境新闻。

能够充分说明环境新闻政治化的，还有关于生态文明建设的新闻报道。十八大以来，媒体关于生态文明建设的报道大大增加，如果仔细研究这些新闻，我们会发现，地方党委、政府关于生态文明建设的决策以及领导讲话，站位高，境界也高。但是，恰恰由于站位高，境界高，就与环境保护工作有一定距离。涉及环保问题，更多是从国家战略角度，从民族永续发展的高度去考察。在过去，这样的新闻应当属于政治新闻，而现在，类似报道经常成为中国环境报的一版头条，环境保护已经上升到了宏观领域和政治层面。发展与保护，是现阶段最突出的矛盾之一，解决环境问题的根本途径不是增加投入，不是引进技术，也不是强化监管，而是党重视，政府重视。归根到底，解决环境问题，绕不开政治途径。

我们不妨看一个案例。很多人都知道的西昌，四川凉山彝族自治州首府，那里有一个非常美丽的城市湖泊——邛海。

邛海就在西昌市城区，保护难度非常大，水质居然常年保持二类标准，可以做饮用水源。这在城市湖泊里几乎绝无仅有。其实，七八年前的邛海，也不是这个样子。那时湖边到处是民房、农家乐餐馆以及工厂，导致湖面逐年萎缩，水质富营养化严重，湖区一片乱七八糟。环保部门一直想治理，根本无能为力。从2007年开始，政府出手了，只用了三五年的时间，拆掉大量餐馆和大大小小的工厂。然后，建设湿地公园，湖面扩大了，水质提高了，生态恢复了。邛海治理，采用的是行政手段，充分发挥了党的政治号召力，发挥了集中力量办大事的体制优势。邛海变清，本质是什么，凉山州环保局长说得最简洁，是党委和政府的政绩。

公众对环境的认知程度越来越高，环境新闻可以超越技术层面，从而在更高层次与公众产生共鸣。

近年来，很多环境专业术语迅速成为社会热词。毫西弗、反应堆、低碳、臭氧、二氧化硫、COD、氮氧化物、二恶英、PX，特别是PM2.5，几乎家喻户晓，连街道老大妈都能说“节约用碳”这样中外结合的至理名言来。媒体如果不说上几个专业名词，似乎就不够时尚，不能入流。

可是，当我们用了很多术语，试图说得更专业、更明白的时候，却发现力不从心。往往是说得越多，读者越看不懂。最典型的事例，就是关于PM2.5。这个名词宣传得可谓妇孺皆知，可是，什么是2.5？它是怎么形成的？危害的机理是什么？

应该怎么治理？可以肯定地说，明白的人并不多。既然不知道它到底是个什么东西，为什么还有那么多人关心、呼吁，乃至激烈上书？

公众关注2.5，不仅仅因为它是污染物，更把它作为一种象征物。其实，在现阶段中国的大部分地区，空气中的主要污染物还是PM10 。PM2.5的标志性意义在于，它最早由公众提出，政府做出了积极的回应，从而实现良性互动。

至于PM2.5的专业解释，那不是新闻报道能完成的事情。环境新闻的责任是，反映公众的诉求，报道政府的积极态度，这就够了。如果一定要解释，那必须通俗易懂。我参加一个电视访谈的时候，现场观众一再问我PM2.5是什么？我解释说颗粒物分粗颗粒物、可吸入颗粒物，以及细颗粒物，但是越解释越复杂。后来我说，如果PM10像篮球那么大，PM2.5就只有乒乓球那么大。大家都觉得，这么解释就够了。我们的PM10尚未完全治理好，现在就提治理PM2.5，还早。我们要加快治理PM10，争取尽早治理PM2.5。但是，这不影响我们开展PM2.5的监测，并且及时完整地向社会公布监测结果。

我们再来看刚才举的几个例子，也能说明这个问题。什邡市民反对钼铜项目，其实很多人连什么是钼，什么是铜，什么是钼铜都不知道。还有那个著名的PX项目，反对的人也未必明白它的属性。市民的目的，就是表达诉求。所以，环境新闻要讲究专业，但不必也不可能特别专业。相反，政治上倒是应该专业。如果说，过去环境记者首先要懂环境专业，那么现在，环境记者最重要的素质是政治敏感和政治判断力。

《南方周末》环境报道特质分析

何海宁

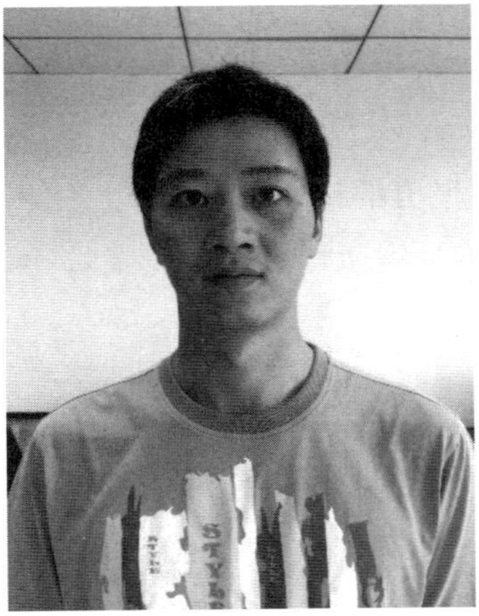

何海宁，2003年毕业于中国人民大学新闻学院，同年进入南方周末工作至今。现为《南方周末》绿色版新闻部执行总监、环境版高级编辑。

一、《南方周末》环境报道总体特征概论

《南方周末》绿版（绿色新闻部，以下简称“绿版”）开始于2009年10月8日，时值哥本哈根气候变化大会在中国大热，环境议题逐渐进入社会公共领域。“绿版”在国内首提“绿色新闻”概念，以每周4个版的篇幅，报道国内外重大的绿色新闻事件。

这是国内大众媒体中第一个绿色媒体团队，“创建了我国环境新闻报道的新特征，如绿色深度报道的数量多，周期性更稳定，舆论归责多指向人，新闻议程设置更契合社会‘问题单’，绿色新闻的真实性与情感诉求并重，拥有一支稳定的环境记者队伍等”[1]。

“绿版”创始时分为环境、能源、城市、绿经、低碳、健康等版面，6年间两度改版，目前主要是环境、健康两大领域，兼顾绿经、能源、城市。从创办至2014年，“绿版”共做了1231篇绿色深度报道，平均每年约205篇。

本文所论的“《南方周末》环境报道”，是指“绿版”创办至今环境版报道以及低碳、绿经、城市环境议题等相关报道。文中所引述的相关研究，研究框架多为“绿版报道”，本文仅引述其中涉及《南方周末》环境报道部分。

《南方周末》环境报道从一开始，便带有强烈的《南方周末》烙印，这6年来一些环境子项的报道消长，也反映了近年来中国环境议题的变化，亦可一窥国内环境工作重心的调整。

二、《南方周末》环境报道分布

《南方周末》环境报道涉及领域众多，几乎涵盖了环境领域各个方面。它的一大特征是紧跟热点（下文“新闻纸”特质章节有详述），所以对其分布和趋势的分析，可以看出近6年来中国环境保护局面的变化。

环境领域最大的热点，便是大气污染治理。这一热点是在

［1］ 王积龙.《南方周末》绿色的新闻特色分析. 当代传播. 2013（4）.

2011年开始浮现，当时北京雾霾严重，美使馆的空气质量监测与北京环保部门对掐，成为一时热门话题。而民间开始自测空气，“绿版”也适时推出了《我为祖国测空气》报道。

下图是“绿版”创办以来的大气报道分类统计。可以看出，“治理”是关注篇幅最多的子领域，这与国家开始在大气污染治理上发力密切相关。“健康”和“标准”次之，这两者亦是大气污染治理上的热点。

图表：6年大气报道分类

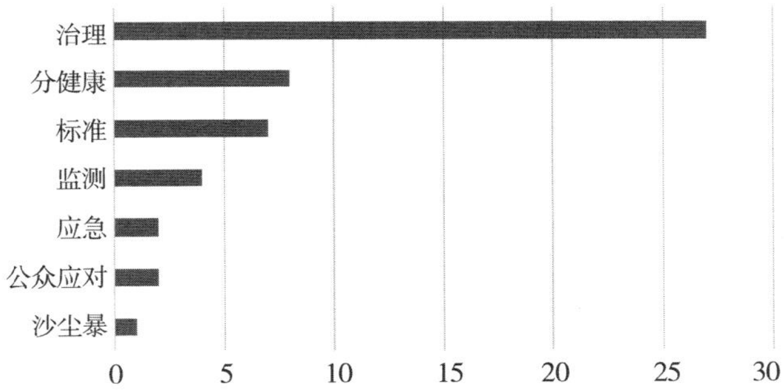

2009年10月15日，“绿版”创办的第二期，我们便推出了《治湘江》专题报道。从“绿版”创办至今，水是每年关注篇幅最为稳定的领域，每年均在10篇左右。这说明水问题一直层出不穷，中国难脱困局。

如下图，“地表水”和“水利工程”也正是关注最多的两大子领域，这说明地表水（江河湖）、水利工程的问题较为显性和集中，实际上地下水问题丛生，但囿于国家治理和研究进展，其问题难以如前两者一样爆发性发生。其次，“饮用水”问题也关注较多。

图表：6年水报道分类

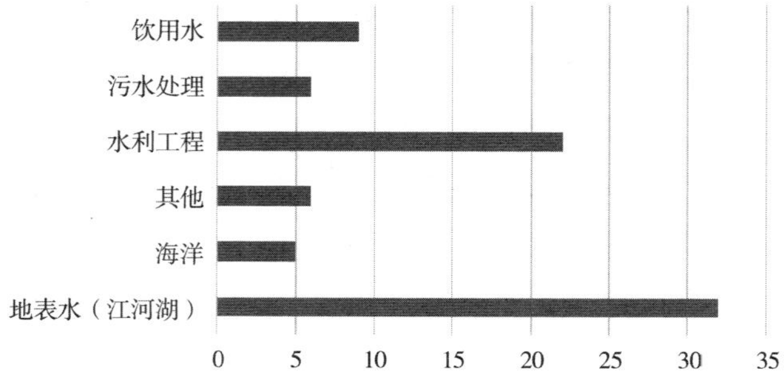

“绿版”针对环境健康的报道统计，主要是指因环境污染导致的健康损害。在6年来共23篇相关报道中，涵盖了水污染、核辐射、生物实验、大气污染、重金属、危险化学品危害等领域。

从下图可以看出，2013年为报道爆发期，因环境污染的日益加重，公众也逐渐关注与己息息相关的健康话题，特别在大气污染领域，随着研究及相关报道的披露，大气污染与健康的关联也逐渐成为公众关心的焦点。

这本应是国家和业界加快投入和研究的领域，也应是媒体报道聚焦的领域，但实际上这一领域发展缓慢，问题被披露

图表：6年环境健康报道

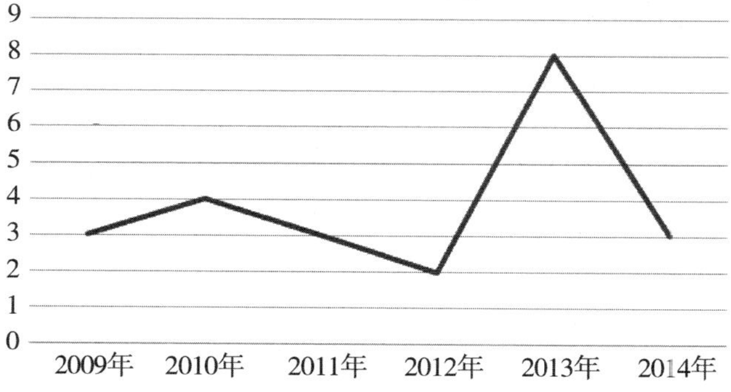

后，后续治理的跟进报道匮乏，这也反映在2014年环境健康报道数量上，其基本与2012年持平。

中国公众在2010年开始关注土壤污染问题。2011年，是“绿版”土壤报道的爆发期。此后，土壤污染治理停滞不前，也难有新闻报道。而土壤的重金属难题，也成此领域最大话题，“绿版”报道基本集中于此。在国家“气十条”颁布之后，业界热炒“水十条”和“土十条”，这也逐渐带热了这一领域的相关报道。

图表：6年土壤报道趋势

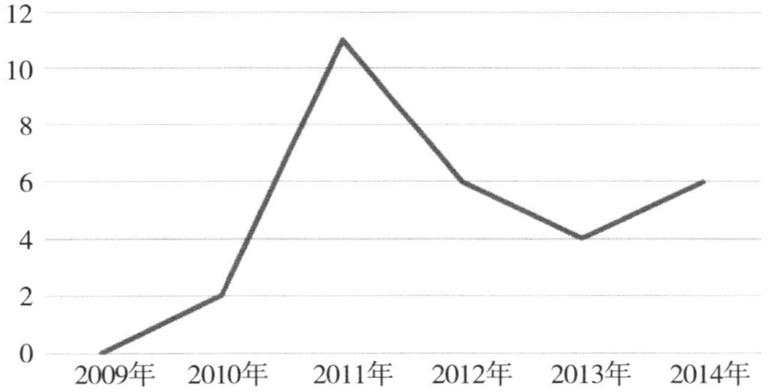

以上的4个图表，分析了《南方周末》环境报道在大气、水、土壤、环境健康领域的报道分布，从中可以窥探一些中国环境保护的发展特征。除此之外，《南方周末》环境报道近6年来一些领域的报道亦发生了消长。

在气候变化领域，“绿版”报道数量在减少。“绿版”创办正是始于哥本哈根气候变化大会，但此后数年间，每年的气候变化大会均收获寥寥，这一话题的公众关注度已在减弱。此外，这一话题与公众亦有距离感，在关联度更高的大气污染等问题爆发之后，气候变化的关注度自然在减弱。

环评等领域的报道在逐渐增多。这与环保部着力治理该领域的沉疴密切相关，而各地建设项目的环境问题，也往往与环评密切相关。

三、《南方周末》环境报道特征

笔者以在“绿版”6年的工作经历，来讲述《南方周末》环境报道的特征。其中，从新闻议题上看，它带有“新闻纸”特质，紧贴中国社会的环境热点议题；不止于做一个安静的时代进程观察者，而是利用新闻报道手段，介入重大环境议题；同时，也擅长梳理阶段性环境议题特征，策划专题报道。

从新闻角度上看，《南方周末》环境报道主要是以问题为导向；集中在城市，农村报道较少；对于环境议题的理解与判断，不止于环境，而是从政治、经济等多个方面进行解读。另外，从具体的采访操作上，《南方周末》环境报道的信源以政府、专家为主；而且除了传统的采访方式之外，不少报道是采用分析数据、发放调查问卷获得；另外，由于环境议题不少涉及数据披露，数据图形化也是版面特色之一。

（一）从新闻议题上

1.“新闻纸”特质

所谓“新闻纸”，是相对于杂志等其他媒体形态而言，也就是说，印在“新闻纸”上的报道更注重新闻时效性，更聚焦社会热点议题。《南方周末》环境报道从诞生至今，一直是紧贴社会热点环境议题，具有《南方周末》“新闻纸”特质。

上海交通大学媒体与设计学院新闻与传播学系副教授王积

龙2013年对“绿版”报道进行随机抽样，抽样时间段为2009年10月第1期到2012年10月，时间跨度为3年，采取每月抽取1期，即第一月为第一周、第二月为第二周，从而形成时间上的错位分布。共获得样本36份，各类体裁的新闻报道201篇。

该研究发现，“绿版”新闻的议程设置契合于社会实践“问题单”。中国人民大学新闻学院副院长喻国明认为，提高媒介影响力的途径之一就是按照社会实践“问题单”的优先顺序定制媒体的新闻产品。从“绿版”新闻的分类来看，类别最大的就是环境污染，共55篇，占样本总量201篇的27.4%。

对55篇环境污染报道进行分类发现，空气污染有20篇，占该部分样本比例36.4%，数量排名第一；水污染17篇，占该部分样本的30.9%，数量排名第二；排在后面还有时尚污染占5.5%，土壤污染占3.6%，等等。“‘绿版’实际上是按照我们社会的‘问题单’在设置媒介议题，击中了绷得最紧的那根弦”。

在另一项研究的样本中，“绿版”记录了2013年5月至2014年5月国内几乎所有重大的空气污染、水污染和土壤污染等事件。环境事件占比达17.7%，多为因环境问题引发其他的社会冲突、矛盾和突发公共事件[1]。

不少“绿版”的研究文献均提及《南方周末》环境报道“新闻纸”的特质，这是相对于以前中国环境报道的一个特点而言。以前，环境报道主要是静态的、冰点的，集中在生物多样性、森林草原等保护上，大众媒体并无专门团队对社会热点环境议题进行“问题单”式的报道。

2. 新闻干预

[1] 李梦龙.《南方周末》绿版环境新闻的框架分析. 新闻世界. 2014（7）.

对于经典的新闻专业主义来说，“新闻干预”是比较犯忌的，即新闻报道者须隐藏在新闻逻辑背后，不得干预新闻事件，不能成为新闻当事人。不过，《南方周末》环境报道创办至今，一些报道均采用了“新闻干预”的方式操作，其鲜明的特点便是：《南方周末》成为这则新闻的发动者或参与者。这类报道有：

2010年6月23日，《环境信息公开咋这么难——29份信息公开申请表的遭遇》[1]。

2011年11月24日，《〈南方周末〉联合六家NGO的七大建议》[2]。

2014年3月6日，《民间绿案：我要上两会》[3]。

另外，《南方周末》成为新闻的部分发动者或参与者的有：

2014年1月16日，《中国当代建筑论坛上的“炮声”——“我们有民国建筑，却没有共和国建筑”》[4]。

2014年10月16日，《五千环评师，违规高达16%？——搜寻“影子环评师”》[5]。

我们可以看到，“新闻干预”的方式主要有调查问卷、申请信息公开、上书建议、数据分析等，第一种使用频率较高，在一些涉及行业会议的深度报道中会经常使用（这在下文有关操作方式特征中亦会有论述）。

以《环境信息公开咋这么难》为例。2010年5月20日，《南方周末》依据《政府信息公开条例》及《环境信息公开办

[1] 详见南方周末官网：http://www.infzm.com/content/46698。

[2] 详见南方周末官网：http://www.infzm.com/content/65151。

[3] 详见南方周末官网：http://www.infzm.com/content/98683。

[4] 详见南方周末官网：http://www.infzm.com/content/97562。

[5] 详见南方周末官网：http://www.infzm.com/content/104813。

法（试行）》，向内地所有31个直辖市和省会城市、自治区首府的环保局发出公开2010年以来该局行政辖区内受到环境行政处罚的企业名单及处罚事由的申请。

在这则新闻中，新闻主语不是其他人，就是新闻报道者《南方周末》。《南方周末》成为新闻的发动者与参与者。“建筑论坛炮声”和“影子环评师”的报道则采用了调查问卷、数据分析的干预方式，《南方周末》部分成为新闻的当事人——这两则报道也兼顾采用了传统的采访方式获取信息。

在2015年环境报道中，也有不少类似的“新闻干预”式报道，并出现新的方式——举办沙龙。

“新闻干预”成为《南方周末》环境报道惯用的方法论，应该与“绿版”的“创新”基因相关。“绿版”从《南方周末》中孵化出来，其一开始便带有创新开拓的使命，这一基因具象化到报道方法论上的改变时，就会连锁带来报道形态上的较大变化。

3. 策划专题

与《南方周末》其他部门的报道进行横向比较，“绿版”是策划新闻专题较多的部门。其中，与环境领域相关的专题有：

2010年《绿色领袖》、上海世博会系列专题；2013年《北京，北京》、“厅长时间”系列专题；2014年《记者去哪儿》《新北京药方》；等。另外，从2009年开始至今，每年年底或年初“绿版”均会推出“中国漂绿榜”，旨在推动企业进行“不撒谎”的绿色营销，这已成为“绿版”的重磅新闻策划产品。

（二）从介入角度上

1. 问题导向

《南方周末》环境报道的一个类型特征，是以问题为介入角度。即报道的由头，并非因为热点新闻，也非因某一事件，而是从环境领域的某一问题事实出发，根据问题牵涉的公共价值来展开报道。其常用的分析框架是：发现问题——问题原因——解决方案，即“是什么——为什么——怎么办”。

以2014年报道为例，由热点、事件介入的报道如《崔永元实话实说转基因》《台州：强捐是一场“误会”》等，前者是因崔永元叫板转基因的社会热点而起，后者是因浙江推“五水共治”而台州发生强捐这一事件而起。问题导向的报道，则如《环保产业下乡“务农”——“农村治污，挣的都是国家补贴”》等，这并非热点也无事件，报道因环保产业下乡的问题而起。

从创办初期的《治湘江——最沉重的河流，最尴尬的治理》专题开始，问题导向的深度报道就一直存在于《南方周末》环境报道的选题库中。这类报道比较常见于行业性报道。如：

《要南水北调，还是要海水淡化？》：讲述海水淡化行业的问题；

《百亿污泥生意：一半海水，一半火焰》：分析污泥处理行业的难题；

《雾霾健康研究里的“雾霾” 三十“难”立》：分析大气污染健康效应研究存在的问题。

不过，相对于每年约205篇报道的数量而言，问题导向的报道并不多，但与其他部门横向比较，它确是《南方周末》环境报道的一种类型特征。究其原因，可能与环境行业刚刚兴起有关。

这一行业原本是一个相对封闭的领域，环境问题多为研究领域的问题，环境企业多与企业、政府打交道，与公众是一种弱关系。随着大气污染逐渐成为公共热门话题，环境领域才逐渐从封闭性中走出来，问题也才渐次浮出水面，大众媒体也才逐渐介入关注。

在媒体关注的初始阶段，也正是一个“发现问题”的阶段，即会对这一领域的各个子行业进行地毯式发掘，逐一报道其中的行业问题。这就如同做一幅中国污染地图的“拼图”一样。当“拼图”拼完，行业报道者就会转入分析更深入或更个案的报道，即在“拼图”之上开始搭建“金字塔”。

2. 聚焦城市报道

《南方周末》环境报道针对的是全国性问题或具有典型意义的个案，不过以城市和农村进行报道地分类的话，《南方周末》环境报道主要聚焦城市。

统计创办至2014年的环境报道，其中具有明显地域特征（报道内容针对的是某一城市或农村问题）的报道有约89篇。

聚焦北上广的有24篇，其中包括《北京，北京》和《新北京药方》的9篇带有明显针对北京问题的专题报道。其他省会城市的有21篇，除省会之外的城市（包括地级市和县级市）有27篇，针对县城的报道有10篇，涉及农村的只有7篇，也还包括讲述农村普遍问题的报道。

在一些研究论文中亦有相关分析。《环境新闻深度报道研究——以〈南方周末〉绿版为例》[1]一文对“绿版”创办至2011年9月30日为期两年的报道进行研究发现，“绿版”报道（注意并非《南方周末》环境报道）的主要报道区域集中在北京、广东、上海和浙江等4个省份。论文作者认为，东部发达地区由于经济发展速度快，所带来的环境问题也相对比较多，因此这些地区报道所占的比例较大。相对来说，发展速度比较慢

[1] 张叶青. 环境新闻深度报道研究——以《南方周末》绿版为例. 山东大学（硕士论文）. 2014（4）.

的西部地区在“绿版”报道所涉及的较少。

除了这一原因，这亦与环境行业的发展不均衡高度相关。在东部发达地区，环境行业发展迅猛，政策财政补助较多，相应的各类问题爆发较多、资讯更新更快，新闻报道也较多。而反观农村，其污染问题已经是老话题，且治理措施没有太多的变化和更新，老问题亦没有得到妥善解决，大众媒体很难对农村问题做出持续性关注。

3. 非环境视角

目前，中国环境保护正处在初始阶段，新老问题丛生，原因复杂多变，人们的环保意识有待提高，“修理地球”的人力、物力、财力有限，难以跟上治理污染的节奏。在这一阶段，很多环保问题并非简单的环境议题，而是或包括有政治、经济等范畴的命题。因此，当中国环保问题深入探讨时，就涉及了很多非环境视角，在《南方周末》环境报道中，就有不少是从政经等其他角度去探讨环境话题。

以2014年的报道为例。在《雾霾经济学》专题中，报道从经济学的角度出发，分析雾霾可能给中国经济造成的影响；在《兰州水危机，威立雅沉疴》的突发事件报道中，兰州自来水苯超标事件并非简单的环境保护问题，而是一座城市供水管理体系的“沉疴”，中法双方斗法，最终酿成公共性危机。比较极端的例子是《绿了江西，黄了谁》这类偏时政的报道，讲述的是一位落马高官的环保政绩，这亦是中国环保议题中的众生相。

事实上，在目前利益错综复杂的环保局面下，非环境视角应该是一名环境记者必备的职业素养。因为在不少环境事件背后，环境议题仅是诱因或表象，除此之外，还有更深层次的社会因素。

（三）从操作方式上

1. 信源以政府、专家为主

常见的社会新闻题材相比，环境报道有着专业性特征，报道往往会涉及数据的引用、科学原理的解释、新闻事件的官方解析等专业问题。因此，在新闻报道信源上，政府官员、专家学者这类信源出现频次较高。

以两篇相关论文的统计数据为例。《〈南方周末〉绿色版新闻文本的框架研究》[1] 以“绿版”创办至2012年10月4日共4年的报道为研究对象。数据如下：

图表：报道信源类别

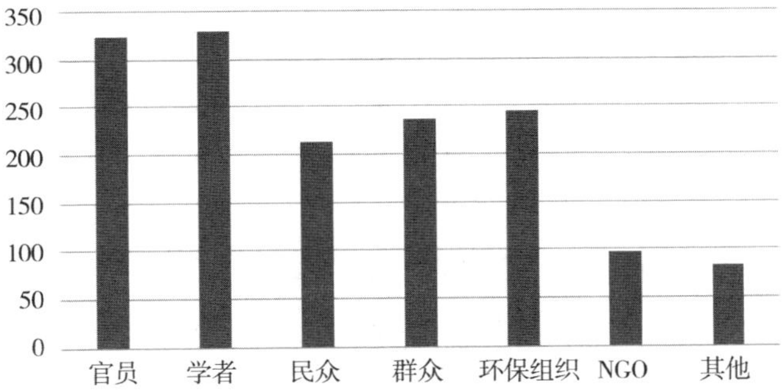

在以上图表中可以看到，“绿版”（包括环境报道）报道的信源中，官员和学者的比例达44%。该研究中的“环保组织”指的是有官方背景的环保组织，如再加上这类半官方信源，比例则达到了60%。

在《〈南方周末〉绿色版新闻文本的框架研究》中，作者将“绿版”创办至2011年9月30日为期两年的报道为研究对象。如下图表所示，官方和专家学者的信源引用篇数比例最高，未

[1] 邓晓璇.《南方周末》绿版新闻文本的框架研究. 西北大学（硕士论文）. 2013（6）.

引用篇数比例最低。

图表：信源引用篇数比较（篇数为252篇）

消息来源	引用信源篇数	所占比例	未引用信源篇数	所占比例
官方	181	71.83%	71	28.17%
专家学者	165	65.48%	87	34.52%
商界	92	36.51%	160	63.49%
NGO	71	28.17%	181	71.83%
其他媒体	54	21.43%	198	78.57%
其他	105	41.67%	147	58.33%

政府官员和专家学者的信源比例较高，这既与环境报道专业性相关，也与《南方周末》环境报道体裁相关。政策解读、官方行动等报道比例较多，这类报道天然倚重官方信源。另外的原因则是，获得官方回复，这是降低新闻报道风险的有效途径。

2. 扔掉笔记本——尝试用数据做新闻

“扔掉笔记本”只是一个生动比喻，《南方周末》环境报道并非不用笔记。与传统的采访方式相比，我们在尝试让数据分析、问卷统计等非主流方式成为报道采写的主要内容。

在传统的采访方式中，记者主要使用提问的采访方式获取信息，即需要笔记本或录音笔记录，信源主要来自受访的采访对象。而在使用数据、问卷等方式的报道中，报道的核心信息并非来自采访对象，而是通过大数据、问卷调查的统计分析，获取事件特质和一般性规律，信源已非明确身份的某一个人，而是具体同一特征（如行业等）的一群人。

以2014年报道为例，这类报道有《搜寻“影子环评师”——五千环评师，违规高达16%？》《公共建筑能耗政策，七年糊涂账——数据成“鸡肋”，公示很“丢脸”》等。实际上，这类报道最终是以数据、问卷分析和传统采访相结合的方式。

其中，《搜寻“影子环评师”》这篇报道较为典型。该报道以环评师的资质挂靠问题为“圆点”，以全国9个省份在环保部数据库备案的共5349名环评师为“半径”，逐一核对资质挂靠问题。报道的核心信息“16%违规率”便是根据统计而来，同时，针对这些违规环评师，报道还进行了地域、企业类别等的特征分析。

Green
绿色
D21
五千环评师，违规率达16%？
搜寻“影子环评师”

《搜寻“影子环评师”》报道版面

3. 数据图形化

数据是专业报道的一大特质。不过，在传统的新闻采写规范中，数据是阅读的“毒药”，使用不当即会给文章的流畅性、读者的阅读带来致命的障碍。

在一些《南方周末》环境报道中，数据实际上是报道核心信息。处理好这些数据信息的途径之一，便是数据图形化，这亦是媒体（特别是新媒体）的趋势特征。

这包括两大步骤：一是筛选并分析数据：从众多数据中挑选出契合报道主题的，并进行分析，分析步骤很重要，常用的手段是比较、汇总等，如果没经分析的数据呈现成图形，就好像没有炒熟的菜，会造成读者的阅读障碍；二是图形化：即把庞杂的数据转化为直观图形，如饼状图、柱状图等呈现给读者。

以上仅是数据图形化的一般实务，数据图形化已有很专业的分析理论，这里不再赘述。

四、结语

《南方周末·绿版》的成长，其实也正伴随着中国环境问题的一步步深化。2011年，灰霾围城问题浮出水面，以此问题为主要突破口，环境领域开始急行军，水、气、声、渣等各个领域的细分问题逐渐展开，治理也朝向精细化方向发展，这也逼迫着环境报道紧随其后，也朝着更专业的环节逐渐深入。

我感触较深的主要是两点：一是环境问题如果要回答“怎么办”的话，就需要进入技术环节；二是在调查报道中，被监督对象的犯罪，很多时候是技术犯罪，不懂技术，便很难击中核心问题。

也就是说，我们需要在专业领域里做公共性报道。

公共话题里的专业问题，以及由此产生的争论，这几年来一直是公共舆论里的焦点。以前更多是集中在食品安全领域，随后近几年来，专业问题的争论也逐渐出现在环境领域，如空气净化器的效用、大气污染的源解析等。那么，有一个隽永的问题便产生了：科普与启蒙。

中国科学界不像美国等发达国家和地区，较少有科普精神，科学家与公众之间存在着信任沟壑。特别是环境领域一直是一个相对封闭的行业，科普更是难上加难。但是形势逼人，科学家开始从实验室里走出来，公众也开始从感性世界里抬起头来。

所以，在修理地球这样的大时代，我想，环境报道的历史职责是什么？如果说还能有点社会贡献的话，应该是做好时代启蒙的工作。环境保护进行至此，启蒙的时代使命依然没有完成。

环境新闻在央视的发展现状、问题及对策

藏公柱

藏公柱，1992年7月毕业于中央民族学院历史系，先后在中共西藏自治区党校任教，西藏人民广播电台任记者，成都电视台任记者，中央电视台社会新闻部任环境记者，现为中央电视台新闻中心编辑。

思考方向:电视新闻传播，环境NGO活动推广，电视专题策划与视频表达等。

本文尝试从网络传播者与电视观众的角度，从央视两组环境新闻报道的播出和传播，探讨全国观众期待度最高的媒介，应该如何改变才能应对日新月异的世界，才能继续在满足受众娱乐需求的过程中发挥更大能量。

一、央视的国际化改革与环境新闻的媒介新定位

普利策新闻奖调查性报道类奖项从1985年增设以来，其评出的近30个作品不仅成为各国新闻界普遍接受和流行的报道形式，成为衡量新闻报道质量高低的标准，也成为大众传播事业上国际差距很大的我国记者从业理想之一。

概括说来，笔者认为调查性报道有三个特点：一、由个人或者团队完成的、堪称调查性报道出色典范的单篇文章或者系列文章；二、新闻价值大，定期刊发或陆续推出，均有众多鲜为人知的信息；三、均带来较强的社会效果，促成政府部门着手解决报道反映的问题，或者引发其他媒介关注后续进展。

普利策奖除了调查性报道外，与新闻报道相关的奖项有优异公众服务奖、普通新闻报道奖、国内报道奖、国际报道奖、释义性新闻奖和专业性新闻奖。应该说由于西方忠实严格的贯彻新闻价值圭臬与理念，这些奖项的新闻作品均为日常报道中自然遴选出来的，有极高的概率。与我国新闻作品为获奖而报道，为评奖而倾向某些内容不同，可以说每一类作品都能看出西方新闻体制的厚重积淀。

需要说明的是，中央电视台新闻频道从2000年之后开始力推调查性报道。“发现式报道”“电视长消息”“深度电视报道”“电视消息小专题”“舆论监督类报道”“负面”等名称，起因于《焦点访谈》《东方时空——焦点时刻》《新闻调查》的电视新闻类专栏（每期13分钟到50分钟一个话题的新闻类专题），又区别于1分钟左右的电视短消息。在最早的央视一

套《新闻30分》《朝闻天下》等电视新闻栏目里，当播报完时效性强的电视消息后，“电视长消息”成为剩余时间里填满该新闻栏目的必备内容，甚至成为增加收视率的重要体裁。

这一体裁涉及的题材特点包括：一、时长在2分钟到6分钟；二、没有时效性，半个月或者半年播出都不担心内容是否过时，不影响新闻价值；三、当下社会阶段具有一定的热点性、敏感性，涉及社会、文化、风俗、习惯中的负面问题；四、采用多段同期声，民众、专家，甚至记者都在其中阐明观点，描述现象，表达态度；五、最早大量使用同期声的电视报道形式。从某种意义上讲，我国报业中20世纪80年代末的“现场短新闻”与“周末版”“深度报道”等，类似于报纸中的解释性报道、专业性报道，侧重于新闻5个W外的“为什么”与“怎么办”，到90年代中期，普及到电视界，也成为电视新闻改革的先声。

中央台新闻频道于2003年5月份开播，以黄色基调为演播室色彩。受当时社会文化环境和经济环境的影响，在社会上没有引起多大反响，以至于开播后的3年内，收视率大部分在1%之下。 2009年9月改版后，CCTV-13作为全新的新闻频道，调查性报道成为该频道《新闻直播间》栏目的常态。每天必有几组该类报道，每一组少则2条，多则5条，组合在一起，在消息类报道形式播报完毕后推出，往往成为一个整点新闻里的重心。

CCTV-13新闻频道每个整点的新闻内容约55分钟，一般编排思路学习了CBS《新闻60分》与ABC《晚间世界新闻》，按先后顺序分列如下：一、重要国内国际时事政治新闻，特点是时效性和显著性强，单条时间短，基本上为标准的电视消息，国内和国际不再区分先后，如无国内重要时政新闻，有时头条就是国际新闻，总之属于硬新闻的范畴。二、国内软新闻，往往是不太重要的几条国内各部委的消息和当前社会、法律、经济有关的消息报道，如油价上涨、某地干旱持续、环保部统计环境诉讼案件、发改委宣布要实施绿色GDP合算等。这类新闻有时理解为属于与民生有关的正面新闻，有时当成有点硬度的社会新闻，不是以趣味性为特色的软新闻。特点仍然是短消息，无同期声或者一个同期声，事件性不强，但体现一定的重要性。三、一组或两组调查类报道，条数从3条到6条不等，单条不低于2分钟，总时长有时达到20分钟。其中特点是时效性不太强，即调查的社会现象，不同的利益群体都在其中发声。如高考作弊事件、幼儿园入学难症结、小区停车位争论、股市热的原因分析等，该周播出和下周播出甚至下个月播出，都不影响新闻的重要价值。四、文化体育类新闻，国内与国际混合。该部分的新闻体现娱乐性和趣味性，即使是高雅的美声音乐会，报道时往往以配音的形式来增加生动性与可视性（可听性）。

需要补充的是央视新闻频道改版以前的思路是模仿凤凰卫视，即每个整点10分钟到30分钟的新闻播报，剩下的时间为一个专题栏目，被称作新电视新闻专题栏目为主的新闻频道。改版后的思路是模仿CNN，特点是去栏目化，以强时效性的新闻播报为主。每个整点可以说除了少量广告就是新闻，特别是白天新闻时段，虽然有《朝闻天下》《新闻30分》《共同关注》等专题名义的新闻栏目，但本质上仍然是多条新闻的播报。除了名称上不同，几乎没有差别，而从9点到18点之间是长达7个小时的《新闻直播间》，除了每个整点主持人换换面孔，观众打开电视都是类似的新闻在播报。

在这种频道架构下来看，环境新闻则是《新闻直播间》最需要的一大题材。可以说每个整点、每档新闻均需要一组调查性报道，而调查性报道根据我国的改革热点，前三位的无非就是医疗改革、教育改革和文化改革。这些范畴因为有强大部门利益集团而很难进行调查式报道，也容易被有关部委“打招呼”而枪毙。即使有这样的报道，因为受众分化严重，如无孩子的群体可能就不关注教育改革。

环境新闻报道则不然。首先它无群体差异，很容易成为与各个阶层、各个年龄段的观众都相关的话题，人们非常关心与污染对立的身心健康问题。在每档新闻主编的眼中，有了环境调查，该档新闻就有了重心，有了骨架，内容上有独家性和重要性。环境新闻不仅是抓住观众眼球的重头戏，还是保证新闻播出最保险又最平衡当然也是最高效的法宝。因为其他各类题材的政策敏感性都高于环境，影响播出安全。反之，如果该档新闻在编前会上发现没有重头调查新闻，几十条消息报道，无论是编排穿插的工作量还是编写提要等强化新闻收视特点，都乏善可陈。粗略统计，环境新闻是各种题材中位列前三位的一类题材，甚至说“最”都不为过。在中央台的新闻播出中，以政治性敏感、社会稳定性因素等为理由，毫无章法地撤换某类题材的新闻，是比较微妙的常事。而环境新闻，则是很少被撤换的，因其大部分报道以现象为主，基本不触及不分析体制和政府深层问题，往往没有明确的“被舆论监督方”，对记者和编辑来说，是不会制造误播因素而令大家手忙脚乱的“拿手好货”。

二、央视两组环境报道的成功要素分析

电视新闻调查类报道就是这样，如果人没有看到这组报

道，只是看到这种标题和分条标题，或者笔者给每一条各截图一张，人们没有时间看当时电视播出的，也自然会立即明了：这是报道河北无极县的农村饮用水污染的报道。该组报道于2014年4月10日《新闻直播间》13点首次播出，14点和16点分别重播，即除了新闻主播不一样，文字和画面是一样的，导语是一样的，总长度达到21分19秒，该组系列报道的总标题是《遭污水围困的村庄》，分五条：一、“黑井”之痛：不得不喝的“黑水”；二、河北磁河沿途20多个村庄遭水污染；三、磁河污染源头指向皮革生产企业；四、“祸”起渗坑，污染危害不可逆转；五、记者采访屡遭跟踪盘查。每一条新闻4分钟左右。几个标题，更能对该报道的结果和原因有基本全面的判断。更进一步，如果观众针对该内容对着电视机观看当时该组报道，那些碗里的黑水、自来水管里流淌的黄水、被污染的漂着死鸡死狗的小河等画面，看着令人十分压抑。当同期声出现推诿敷衍的官员的丑恶嘴脸，出现黑社会模样的群体，对着记者的摄像机和车辆阻挠威胁的杂乱声音，人们为记者的安全忧心忡忡，也为该报道能否将“污水整治到清水”捏着把汗。电视报道播出中超越 “文字阅读”的丰富信息，将直接打动人的情绪与感情，相信会让即时观看的观众产生共情效应，义愤填膺，扼腕痛惜，酸苦辣痛，百感交集。

该组系列报道在网上的视频跟帖，基本证实了笔者的判断，看得出来自河北无极县的相关网民发帖最火爆，有的说多次曝光始终得不到解决，有的说这种现象全国十分普遍已经麻木，有的为记者报道叫好的同时也担心媒体记者的安全。也有理性的网民思考污染现象屡禁不绝的体制弊端，直指环保部门的失职与不作为。各地的网民借报道列举本地污染更严重的线索。

播出那天下午5点左右，人民网在环保频道用十几段文字和7张电视播出时的视频截屏，以《央视调查：河北皮革企业渗坑排污，村民无奈喝黑水》为题，展示了该电视报道的基本信息。“磁河，贯穿河北新乐、藁城、无极、深泽和安国5县，30年来，随着沿岸皮革、化工业发展，磁河已经成了一条排污河，更令人担忧的是，这里的排污企业排污手段隐蔽，直接将污水排入地下水，地下水遭受严重污染，附近村庄陷入无水可用的绝望境地。”文字淡化了电视记者采访被阻挠，被采访农户讽刺水臭的口语，以及记者行踪所见所闻的感性表述，突出了“背井离乡担心水中污染物致癌；井水污染；附近到处都是排污沟渠；污水渗滤池；众多皮革厂的存在”这样的因果性解释。

电视报道中有两大信息，在网络转载的截屏和文字稿中没有展示：一、最后一条表达的是记者在采访中被不明身份的盘查，阻挡车辆，从语气和车辆中证实是当地环保局官员，揭示了皮革厂污染为何长期不能解决的原因，还证实十几年来几十家媒体多次报道该地的污染都没有改进的背后原因；二、片中多次出现“环保部污染事故应急专家王金生”谈污水致癌问题，中国地质科学院研究院孙继朝出现一次，谈遥感监控的该大片区域地下水污染总体状况，而在人民网的转述中，都给以了淡化分析。

与此类似的一组报道是，2015年4月12日《新闻直播间》10点版播出的《海南省三亚市内河污染》。分别是：一、别让黑水挡了旅游城市的风景；二、母亲河缘何成了环境负资产；三、旅游城市岂能管不住污水直排；四、污水处理不应是一道无解难题；五、启动研究排污治污，目前已封住了30多处排污口；六、（评论员）三亚河污染引发的思考。总时长20分21

秒，即每条平均3分钟20秒 。

该组报道与“河北磁河水污染报道”不同的是，文字和视频被海南日报的南海网转载报道后，中国新闻网、中国日报网、人民网电视、中国经济网、网易新闻中心等主流传播媒介的网站采用不同的标题和文摘内容，进行了强化。而“河北磁河水污染报道”则基本上是与水处、皮革、化工、工业类有关的专业网站以从人民网的报道再次编辑的形式进行了转载，标题和内容没有创新。

再来看第二组报道，大气污染和水污染报道。该报道属于环境污染与身体健康直接相关的报道，播发于2014年6月14日《新闻直播间》11点版，总标题是《湖南衡东：污染之祸》。该组系列报道为四条：一、衡东县大浦镇300余名孩子血铅严重超标；二、村民疑因邻近化工厂污染所致；三、大浦镇：污染土地长出含镉大米；四、窗台墙面布满烟灰，记者扫集采样。一共18分45秒，加上新闻评论员杨禹的评论《比污染更惊心的是麻木不仁》《新账不能再欠，老账必须要还》一共5分04秒，总时长为23分49秒。

该组报道造成的涟漪效应达到了当月的最大值，甚至成为2014年度10大环境新闻（《中国环境报》评选）。血铅超标、铅中毒、铅污染、孩子、学校、重金属等关键字词非常吸引人，凸显了新闻价值。这组报道出来的3天内，新华社、《湖南日报》《人民日报》等最主流的官方媒体都在纸质版体现了对央视新闻报道的连锁反应，《人民日报》虽然没有提央视的报道，但是第3天刊发了《衡东300多名儿童血铅超标 涉污企业被关停》，来源说，“某媒体报道”。新华社则以《衡东回应儿童血铅超标：关停彻查涉污企业》为题，以“新华社长沙电”并署名记者姓名的形式，播发通稿：近日，有舆论曝光湖南衡东县大浦镇有300多名儿童检测发现血铅超标，疑为当地一家化工企业污染所致。新华网的由头是：昨天，中央电视台曝光了湖南衡东县大浦镇……连一向对新闻炒作不甚感冒而是对重大事件进行冷静调查和错时分析为主的《南方周末》，也在其网站上刊载编辑过的央视报道文字稿和截屏。南方报系各报，北京出版的日报，都在纸质版转发了央视的报道内容。

该新闻报道的发酵产生更多化学反应：一、北京、上海和广州都市报晚报系列纸媒，均在次日刊发衡东县儿童血铅超标信息，从央视报道中挑出一句耸人听闻的话，做新标题，或者有本报评论员和来论的形式，进行评论；二、以湖南为主的大众传统传媒业报纸和杂志记者奔赴衡东进行印证式和扩张式采访，丰富更多信息，更正央视作为电视报道所难以表达的信息和观点，捕捉当地民众在新闻轰炸后对血铅超标的看法与补偿诉求；三、网络上对血铅超标的网友评论反过来丰富传统媒介的信息，各种专家的分析，与铅中毒有关的新闻背景知识介绍；四、湖南衡阳市和衡东县相关部门对央视报道的正面回应的信息，成为血铅报道的新由头；五、各地电视台的早间版和晚间版（与18点—20点本地的《新闻联播》版本相区别的社会新闻版电视栏目）都对该事件进行了“转播”和评述。

一般对某个热点事件的报道在第3天后达到峰值，便呈现相关信息衰减状态。对央视该条新闻的真正后续报道是在7月23日，衡阳纪委介入后公布的事件处理结果：政府已向当地群众通报检测数据，对超标中毒儿童安排治疗，不是电视上说的300人，只有92人等，并关停直接相关的工厂与车间。2014年10月与 2015年2月，少量媒介借助其他线索，如环保部通报9月环境典型案件和公布当地含镉大米的事件，湖南省纪委对6起党政领导干部问责典型案例，公布了该事件中对4名官员和责任人的处理结果。

被网络媒介炒作较为典型的是，当地一位苏姓镇长有关“咬铅笔也能致血铅超标”的论断，也许只是一句无心、无知之言，但言论的惊悚程度和无知漠然，还是让许多网民哭笑不得。

值得反思的是，此次衡东县300多个孩子血铅超标之所以能够引起舆论风波，除了央视介入之外，也因为当地官员的“雷人回应”。假如没有当地官员对舆论的刺激，那么事件本身的引爆点就消失了，舆论的介入也将变得渺茫。在中国，已有的大量案例表明，基层政府缺乏对环保工作支持的动力，对于单纯GDP增长的渴求，也可能导致因涉事企业为纳税大户而忽视环保问题。总之，各色因素捆绑着环境监察人员的手脚，使得位于偏远的、基层的居民饱受土壤、水、空气等方面的污染，而鲜有监督的目光和力量能够介入。（大部分时候，媒介介入了，他们也睁一只眼闭一只眼，故作不知。）

在此，笔者需要补充的是，中央电视台关于湖南衡东县儿童血铅超标的报道，只是在整组报道中的一个强有力的推动者。央视报道所涉及的众多信息，应该说均来自2014年6月正式上线的澎湃新闻。澎湃新闻的“绿政公署频道”于6月4日前后在手机客户端推出《湖南衡阳：被污染的水、土地、粮食和孩子》《湖南衡阳300儿童血铅超标，检测报告被收走》《湖南再次被测出镉米，儿童血铅超标》《湖南衡阳：稻米镉含量被爆超标21倍》等多篇报道，这些报道的来源，是2014年4月中下旬上海《东方早报》的两篇深度报道。（澎湃新闻网的日常新闻来源，是《东方早报》官方网站）

与此类似的一组报道，却是完全不同的命运。与衡东血铅超标的同一天，《新闻直播间》的下午3点版，还播出了“砷中毒”的一组新闻，同样是在湖南，同样波及中毒人群多，甚至比铅中毒对健康的危害更大，直接相关致死率达到157人。以“砷害难”为演播室背景，以“重金属污染”为片头关键词，主要内容包括：一、湖南石门：矿厂关闭，矿渣残留砷渗入土壤；二、湖南石门：污染依然严重，村民健康无保障；三、编后：比污染更可怕的是麻木。总时长接近9分50秒。湖南省石门县一个计划经济的老矿雄黄矿，由于多年来开采雄黄以及炼制砒霜，当地大气、土壤、水体的砷元素污染极其严重。新闻披露说，1951年到2012年的60多年间，矿区确诊的砷慢性中毒者1000多人，有近400人死于砷中毒诱发的各种癌症，其中肺癌近300人。记者的报道中，用画面和同期声展示了5位慢性砷中毒的成年人的生活艰难情况，两位老人身体发生严重病变令人惨不忍睹的部位特写。当天的新闻还有一组有关经济分析的好报道《乳粉企业兼并重组》，因为题材和报道方式单调等，都没有产生影响，连网络链接都很少。

三、央视环境新闻报道面临的挑战

经笔者进行收看、梳理与分析，与一事一报的环境消息播报不同，中央电视台2014年全年在新闻频道播出的调查式报道环境新闻为30组左右。

这些环境新闻报道，笔者分两个类型：一是直接污染问题。大气污染、水污染和固体废弃物污染（垃圾污染）的占一少半，与污染问题直接关联。如雾霾的跟踪报道直接立意角度是呼吸，水污染的角度大部分是各种企业的排放污染和饮用水源地与河流的污染，固废基本是垃圾分类与处理产生的老话题。二是相关生态问题。与污染问题弱相关，属于大环境话题的范畴，这类报道相加起来占一多半，如对野生动物偷捕滥猎贩卖的案件、对湿地破坏的呼吁、捕鸟绝户网的暗访、吃珍稀濒危野生动物与迫害伴侣动物的话题、海洋赤潮与海水养殖产生的问题、生物多样性丧失问题、有关噪声污染的投诉和事件等。有时该类题材中，也把大熊猫、白海豚、野骆驼、羚牛、藏羚、雪豹等本来一条电视消息足以能说明的事件，拆分扩大为调查式报道的两条或三条的形式，进行报道。

笔者认为环境新闻的分类形式有3个方面历史原因和编辑思维定式：首先，比纸媒稍晚，中央电视台作为传统媒体中后来居上的老大，环境新闻作为一大类型的成形起始于20世纪末。国家环保总局发起对国家重点治理的“三河三湖”的攻坚行动，在某些节点要求全流域的排放企业达标排放。中央台在该节点之前的100天或一年内，发起倒计时暗访调查行动。因此，环境新闻报道因电视画面的直观性和表现力，曾经播发出不少令观众记忆犹新的好节目。特别是“黑水哗哗排放到沟河里污染镜头”“数根烟囱滚滚冒出黑烟镜头”“大垃圾场塑料袋等废弃纷飞镜头”，成为记者、编辑和观众对环境污染直观印象，这3个画面，至今仍是不少人脑海中中国环境状况的基本现状。

其次，中央电视台采访队伍从计划经济体制时，就按照“跑口跑线”类管理记者分类，“某某口”的记者要对接某中央部委以及其众多的下属事业单位，当一两个记者负责的这个口的新闻量大，“跑不过来了”，将该口扩大为一个小组，几个人甚至十几个人“一起跑口”。随着环境保护部门从“总局”升格为“部”，部里有些“司”升格为“局”，环境新闻报道小组的“把口”（不能让其他占线的记者抢消息）能力、报道水平和报道量均获得较大进步。比如环保部可能是一个记者至少每月要参加例行的新闻发布会等，其他环境记者要盯住中国环境监测站、中国环境科学院、各个大学的环境学院等，还有的要注意国内国际的环境NGO。

因此上述两类新闻中的第一类，理所当然成为“环境报道跑口小组”“饭碗”与使命，进行专业的又轻车熟路的调查，熟悉掌握口内的专家和官员资源，较快地制作出一组调查式报道，比播发十几条环境小消息要有成就感。第二类型的新闻由跑国家林业局、跑农业部、跑科技部战线的记者负责，因为他们也能掌握不少环境选题资源。他们的调查式报道，由于与环保部有一定距离，要考虑同行的竞争与合作，报道内容往往有更通俗、更考虑观众需求等优点，也丰富了环境新闻的题材范围，增加了央视环境新闻的收视率。比如跑科技口的记者，采访的汽车排放、发动机、燃油经济性和可吸入颗粒物等方面的调查报道，不逊于环境小组的调查；跑农业的记者，采写的有关农业面源污染与养殖业的报道，也很有特色。

其三，许多人往往以为中央电视台只有新闻频道才有大量环境报道和新闻报道，这是不全面的，其他频道对环境类内容的报道，也值得书写一笔，不仅促使环境新闻的勃兴和变革，也加大了中央电视台舆论监督的分量。如中央电视台财经频道（CCTV-2）《经济半小时》栏目，2014年播发环境类的专题7个，如砷污染和腾格里污染均是该栏目首先采访和报道的，只不过由于是30分钟专题报道，该频道收视率较低，没有形成舆论攻势。新闻频道只好进行二次采访和重新编辑，播出后产生了影响。

此外，中央台财经频道早晨《第一时间》与晚上的《经济信息联播》，每年也能播发环境新闻的报道100多条，其中有几条是调查式报道，如占用河道、挖沙，如树木盗伐，空调的节能问题，这些报道往往站在成本与社会管理角度，也十分好看。中央4套国际频道，虽然基本不播发环境问题的调查，但也播发50条至100条环境类消息。中央7套农业军事频道《聚焦三农》栏目，每年也能播发与三农有关的环境问题报道10条左右，而且是调查式的报道，如农业自然灾害与环境、死鱼事件与环境等。

应该说中央电视台的大部分环境新闻是来自于纸媒的报道，经过互联网的发酵后，央视做出了人家的“电视版”，属于内容和采访思路方面的“准抄袭”，有的甚至报道文字、段落，所展现的新闻人物都是一样的。这与中央台的选题系统运行有关：一方面要保证选题的可信度，避免记者带着私利，直接根据原创线索去报道。另一方面，环境类选题希望最好来自环保部和下属机构，而这样来自上面的所谓“规定动作”，往往也通知了纸媒记者，很难有独家新闻，而电视采制速度慢，往往借鉴纸媒记者刊发的同一内容的报道。

通过以上“河北磁河饮用水污染”和“湖南衡东儿童血铅超标”两组报道的常态分析，我们看到，同样是环境新闻，同样是费较大功夫播出的深度调查式报道，播出后所带来的反应却大相径庭，无论是记者编辑还是新闻传播学者都会产生不少疑问。

众所周知，国际上的新闻奖项和中国新闻作品的最高奖项“中国新闻奖”，评估一个作品的重要指标是作品报道后所引起的社会反响。这个社会反响包括两个方面：

一是来自新闻界的反响。进入互联网时代，笔者认为这种媒介之间的相互影响和作用，不仅能形成舆论监督的强大合力，而且将使一个媒介的一条报道，产生几何级数的信息扩充，带来海量的评论“口水”。因此，好的报道一定是互联网点击率和转载率多的报道，反之亦然，互联网上认可的报道一定是好报道。在这个意义上，好的电视报道，将引发纸媒、网媒和手机新闻客户端的纷纷转载，有的是因为该报道的来源媒体非常重要和权威，有的是因为该条报道的爆炸性和稀缺性。而对于中央电视台这个在传统媒体里权威性与可信度最高的媒介（见网上的调查），理应有更多社会新闻的报道，成为其他媒介的猛料，也可成为他们再次采访的新线索。

二是来自行政机构的反响。在中国的社会环境和体制下，比互联网反响更加重要的是“相关部门”。一方面，新闻报道播出后，相关的上一行政级别的主管机构应该出面，证实该报道的作用，并督促该报道涉及的责任方必须立即汇报，尽快拿出解决问题的时间表。中央督促地方，基层环保部门督促污染方，尽快解决报道中提到的问题。对报道中涉及和透露的政府机构和官员，应该因为新闻报道而得到处理。如“湖南衡东大浦镇多名儿童血铅严重超标”一事，2015年2月，分管环保工作的副县长夏长安负有主要领导责任，给以行政记过处分，就是对观众最好的交代，也是新闻报道的反响，只是来得迟了点。河北磁河饮用水污染的报道，到今天也没有处理结果，哪个皮革厂污染最大？哪些厂子关停？哪个环保局长和监察大队队长应该负责任？不了了之。

以国家新闻出版广电总局的角度来说，中央电视台是该局的一个老的事业单位，“中央”二字不仅代表着行政级别和地位，也意味着传统和积累，当然还有老套与陈旧。以大众传播媒介角度来看，作为电视台要承担娱乐、教育、信息、服务、广告等功能，有必要遵循市场经济的规律，否则很难维持这么长久，也很难进入良性循环。只有在经济效益基础上的社会效益才真实可信，单纯讲社会效益偏废经济效益，也不能持续性地提供高质量的精神食粮。

从这个意义上讲，中央电视台被观众赋予了重要的“中央”“最权威媒介”的责任，而在这个角色上发挥的能量又远远不够。对中央电视台来说，既要考虑收视率和娱乐因素，新闻的趣味性和舆论监督性，经济效益和采访成本，又要保持各类新闻信息的平衡，数量多少、力度大小、角度立场、轻重缓急、方方面面都要照顾到。

四、央视环境调查性报道的发展空间

一方面，中央电视台和其他传统媒体一样必须从微观与宏观上求变；另一方面，又要在坚持自己媒介定位和传统角色的基础上强化诸多功能。也就是说，在诸多社会问题解决很慢、互联网发展速度很快的矛盾交织着的中国，媒介自身的变革不仅是为了满足观众的期待与需求，更是适应新时代不断变化的挑战，需要从多方面深思并改进。环境新闻的新闻生产与传播效果的改进也是如此，其发展与变革需要多方的努力。

（一）建立新闻播出与采制的大编辑部（大编辑中心）

电视台作为技术密集型和人员密集型的信息产业，其新闻与信息产品的销售平台就是播出环节，显然编辑播出部门（有时电视台的播出部门仅仅管理安全播出的技术问题）是处于台内各种节目生产和制作部门的最后一关，又是面向观众推销产品的第一关。在这个节点上，它类似于电脑的CPU，其运行中枢的理念、类型、运行速度、与其他环节的勾连，至关重要。

就拿“河北磁河饮用水污染”调查来说，在《新闻直播间》的3个时段播出，考虑到此时不仅收视观众群体很小，而且收视主要群体肯定不是上班族，当天为周四，姑且不拿索福瑞的调查数据来比对分析，该时段的收视人群与晚上的人群几乎没有交集。从报道反应的问题和内容来看，华北平原、皮革污染、饮用水等让人捏把汗的民生话题，从电视的表现手法上也可圈可点。这样的深度调查报道，如果说不适合《新闻联播》的新闻定位，那么当天20点的《东方时空》、22点的《晚间新闻》和23点的《24小时》，编辑部门完全可以改编为几分钟，浓缩化、强化，重播一次也好。

“湖南衡东儿童血铅超标”令人满意的是，其《新闻直播间》11点版首播后，下午《新闻直播间》的12点版、15点版、17点版和18点《共同关注》、23点《24小时》、24点《午夜新闻》都不断重播。特别是到了晚上的时段，不仅标题不断改动，而且时间缩短，虽然不像白天那样“煽情”，却依然通报一个骨架信息。但奇怪的是，20点的《东方时空》却没有重播。是新闻时段总时长不够，还是与当晚的新闻组合不一致？都不是。当天是周六，一般是电视台播出新闻可选择性差的双休日，《东方时空》没有主体的报道话题，反而充斥着多条国际新闻，不知为何连一秒钟的“血铅超标”都不涉及。笔者看当晚的节目编排，都是新闻价值远低于“儿童血铅超标” 的新闻堆积在一起。有人说，每档新闻播出时段肯定有自己的编排思路，该组新闻下午已经重播了几次了，不新鲜了。笔者倒觉得，可以不重播，新闻首播过去9个小时，该栏目完全可以将下午“网络上对血铅超标新闻的反应”简单给予报道。再退一步讲，电视台播报网上的东西可能会觉得没面子，但是如果记者电话采访当地环保局，对播出后有没有调查组成立进行跟踪，即使电话不接，也是一个很好的卖点。

据笔者了解，长期以来形成的电视采访制作条块分割的局面，是好环境调查报道播一次就完成“新闻生命”的根本原因。姑且不说电视台前期采访部门长期存在的跑口战线，每人每组跑马圈地机制的利弊，就是后期播出部门的山头主义观众都能看出来。比如，早晨《朝闻天下》播出过的好报道，其他时段不播。上午新闻直播间的调查，12点的《新闻30分》不播。为何时政新闻却连篇累牍地不断重播？显然编辑部门存在“山头主义”，流变于计划经济下的各管一摊。据来自各个官网的介绍，原来晚上的新闻时段由创办《焦点访谈》《东方时空》的新闻评论部管理，白天《新闻直播间》脱胎于最早的“新闻编辑部”，而《新闻联播》和《晚间新闻》两个时段，为前几年成立的“新闻联播编辑部”。这样做好处是加强了后期编辑人员和小组的竞争，为抢到最好的调查式报道实现首播，鼓励前期提供好新闻；坏处是好的报道看到其他时段播过，就不再重播，或者懒得进行再次梳理，不进行加工，不增加新信息。

试想如果有一个大的编辑中枢机构，在每天三次的编前会上，对现有能够生产出和正在生产的新闻进行梳理，调查式报道是进行详细重播还是递进式滚动播出？是不断缩减播出，还是再行补充新内容播出？均可以统筹安排。当然还可以做到哪些消息类政策性报道，播出一遍后，进行后续背景报道和评论员分析？哪些报道整个压缩成一组简讯进行重播？哪些重点节目消耗成本很高，提议晚上时段加大密度播出？都可探讨。

（二）中央电视台须加强台网互动以及与其他媒介互动

十多年前创办的《每周质量报告》曾以深度报道揭露食品

加工内幕，以独家偷拍暗访线人搞到的触目惊心的画面见长。《每周质量报告》双休日30分钟专题节目于中午12点30分播出后，往往率先采用下午精编3分钟—5分钟新闻的形式在其他节目滚动播出，一时成为舆论关注的焦点，成为2003至2004年度不少机构的评奖典型。在互联网新闻不发达的时期，往往周五和周六，该栏目还尝试专门在京召开纸媒记者参与的对于重磅黑幕的通报会（每年两三次），告知本周将推出“骇人听闻的报道”。当电视播出后的次日，各地都市报和晚报纷纷推出《每周质量报告》的播出截屏和电视文字稿。

可惜这些做法没有作为典型经验在中央台编辑播出运转系统得以贯彻。而在当时这些做法并不新鲜，因为凤凰卫视和其他国际电视播出机构，每天、每周都在各个时间段对本机构生产的电视节目进行推广。那种类似于今天电影预告片的导视节目，不仅是同一栏目在预告下期节目，也会告知本频道将在何时播出纪录片和重点报道。观众会问新闻频道不就是24小时不间断播报新闻的吗？还对新闻进行预告、提前几天预告，甚至用拍好的画面提前编辑好，这样还叫新闻吗？有业内人士会说，咱中央电视台很重要，人们整天看着我们呢，还用提醒观众收看？没必要！还有人说，有互联网了，不用预告，人们对你感兴趣自然会通过网上点击回看……这些都是似是而非的想法，在这个信息碎片化的时代，预告好节目的播出时间，重点推广某些深度调查报道，比正常播出一条新闻重要得多。更何况大量的调查式报道并不在于时效性。如果说一年能播出700组调查式报道，如果能有1/10在信息泛滥收视率争夺战中提前预告，这没有什么不好的。况且，央视被互联网媒介分割了至少1/3的收视率的时候，让人体会观看电视的传统习惯，预告节目是一个皆大欢喜的选择。

令人遗憾的是，整天做电视报道的却不会“报道”推广自己。据笔者了解，除了12套《社会与法频道》和10套《科教频道》，这两个频道有些栏目在播出结束前提醒明天收看的内容，其他各个频道缺少统一机构小组，对常规节目和重点题材进行大量的滚动播出的宣传推介小片。

由于一贯“讲政治讲高度”避免一切错误和纰漏的中央电视台，长期以来没有把新闻的文字稿登在央视网（中国网络电视台）的先例，央视网的文字页面和频道也很难查到播出电视新闻的文字稿。无论是出于稳定需要还是人手调配的需要，如果能从一些重点节目开始做起，不仅沿袭视频及时公布的做法，而且达到央视传统节目与央视网站的台网互动（文字和视频截屏在央视网发布，把报道记者请到网站讲讲幕后故事，等等），不仅能为其他网站和媒介提供便捷快速的信息，也会培养更多受众群。可想 “河北饮用水污染”的报道，不仅仅是人民网来完成；如果有央视网来做，相信除了央视微信和微博客户端以外，一定会有更多网站转载，造成更多更大反响，而不是反响寥寥。

引起总书记关注与批示的2014年10月的腾格里沙漠污染报道，虽然对业内人士来说误打误撞，毫无规律可言，但中央电视台抢到“大西瓜”是一个不争的事实。腾格里沙漠化工厂蓄水池污染于2013年春天在《经济半小时》，2014年春天在《新闻30分》均报道过，但没有反应。9月6日周六《新京报》摄影版陈杰记者给予报道后，当天微信客户端推送了这条环境新闻，《东方时空》编辑捕捉到这一信息后，反复使用报纸的摄影画面，外加陈杰为中央台提供的非专业手机拍摄视频，加陈杰的同期声，竟然组接了9分钟的一条新闻。播出后放大了腾格里污染的舆论监督力度，引发了次日（周日）更多媒体的转载和报道……可以说它为后面的国家领导人批示，立下了一定功劳。

（三）向互联网学习，记者电视报道手法需要更新，表现方式需多元化

从环境新闻报道来说，20世纪末中央电视台新闻栏目只有《新闻联播》《晚间新闻》和午间的《新闻30分》3个栏目，其环境报道有一个幽默的程式。开头，出境记者在一堵墙根的排污管流出的黑水前，用矿泉水瓶子灌一瓶水，立即说道：我现在就是在某某排污企业的排污口，你看污水漆黑，还发出刺鼻的气味。中间部分，将水样拿去化验，请专家分析，它严重超标，分析一定是违法排污，或者污水处理设施不运转。最后部分，记者暗访来到企业，证实了这些判断，或者是跟随着环保执法人员突击检查，污染事实的确如此。

目前大量的环境报道仍然使用老套路老模式。当然，电视机构的新闻报道，要源源不断生产节目，要大量记者和编辑维持日常播出，肯定要按照一定的程序机械式运转，也需要大量熟能生巧的老流程和老办法，这无可厚非。问题是，如果就某一位记者来说一年四季所做的水污染的报道就是一套闭眼就能干的老套路，那么几个环境报道的记者就限于思路雷同、题材雷同、多年同一个模式懒得创新的困境。殊不知，观众的口味却发生了变化，如果同一类观众看到另外一条水污染的新闻，也会产生疲惫：反正是水污染了，一定是当地的违法企业非法排放呗，只不过上一条是河北，这一条是山东嘛，甚至肯定是环保部门最后说：我们一定要一查到底，绝不手软呗！

从这个意义上讲，“河北磁河皮革厂排污导致居民饮用水污染”这组报道就陷入了这种程式化误区。即先摆居民用脏水的现象，以痛骂污染；其次记者循着周围的井水和小河找污染

源，找的过程一个个新发现，又一次次被阻止；最后专家学者出来将记者身份不便说的话说出来，如水致癌啊，污染源多大啊，危害多严重啊，等等。其实节目中有些信息还暴露了记者孱弱的一面，如村民说他们这里十几年来很多电视台都来报道过，没有什么改变。还说当地人都知道污水怎么流淌的，哪些企业晾晒的，哪家企业“贡献”更大，这其实把记者调查的分量减弱了。

再者，这组报道和“衡东孩子血铅超标”的报道，标题上除了一览无余、简洁明快、不醒目不突出、中规中矩、缺少提炼以外，和日常其他报道的标题一样，看不出报道内容本身的稀缺性。而据记者了解，其实2012年以前纸媒和央视都报道过血铅超标的话题，只不过地点是相邻的郴州，这次是衡阳。从新闻价值的提炼上，河北污染的报道，如果能从一个的癌症的年轻人的事情切入，将他本人因水污染造成的劫难渲染一下，势必带来观众更多的“共情力”。同样，血铅超标的新闻，如果没有次日其他媒介对标题的再加工再放大，其产生的效果也会打折扣。

（四）中央电视台新闻报道的评论在走下坡路，评论要有所设计，要有观点不要搞中庸平衡

从2009年央视新闻频道改版后，曾引入新闻评论员的评述环节，成为媒体炒作的新气象。但经过五年的发展，不能说观众陷入审美疲劳，也不能说观众的眼睛更刁了，而是央视新闻节目的评论无一例外都退步了。为何这样说?

在“河北皮革废水污染饮用水”的报道中，一两次使用“环保部污染事故应急专家王金生”的同期采访尚可。三番五次使用，就是比较大的败笔。同时，该组新闻还使用了一次“中国地质科学院孙继朝”的采访同期声。笔者认为，还是请

记者一起复习一下《广播电视记者编辑资格考试》的提纲，对于电视被采访者一定选择满足三个条件的人：一是知情，身份贴合，非越俎代庖；二是愿讲；三是善于表达。如果从加强记者采访事实评述的权威性和贴近性来看，该专家的评述只能是勉强及格。如果是环保部的一位官员、环境监察局（大队）的成员，或是中国环境科学院、大学的环境教授，都能接受。但记者采用的是“环保部应急专家”，业内人士立即明白，属于环保部组织的一些专业小组的成员或者政府雇员性质的身份，这立即降低了对该组报道的严正色彩。笔者所查，王金生是北京师范大学的教师，专家身份，讲话的内容十分贴切，对于观众来说没有什么不合适的。但是王老师的说话环境，很容易看出是在自己办公室书桌电脑前，一定记者在河北无极县的前期采访结束后，返回在北京进行补充的采访，而其讲话分析的语气很淡然，不投入，甚至像背书。这与此前记者采访的现场画面情感色彩形成巨大反差，甚至看出专家一种无关痛痒的错时旁观语气。其次，王老师作为专家在京接受采访，说话慢慢吞吞、不急不躁，既不想批评狠了，还要照顾面子，令观众弱化了记者采访时积累的污染之根。可以想象的是，如果环保部官员铿锵有力地说出王老师的话，势必震慑当地企业和官员——视为环保部在北京高度重视的警告。个性鲜明的表达，一定会强化该组新闻的舆论强势。其实，中央台电视同期声中四平八稳不敢大声说话的专家日益增多，节目的好看程度自然降低。曾经如教育部前发言人王旭明、环保部副部长潘岳以及巡视员牟广丰、法律专家刘俊海、社会学家周孝正等人的同期声，真能与节目一道，令人解恨解气解闷，如今不多见了。

其实，这也是央视新闻评论类内容的一个通病。一是专业评论员。在节目中专门插播的1分钟以上以演播室为背景的评论，如杨禹等人，已经成为典型的出镜拼凑节目时长的“专家明星”或“明星专家”，往往对什么话题都能扯几句，而扯得语言冗词、套话、车轱辘话、万金油话、无关痛痒的话越来越多，啰啰唆唆几分钟后，观众一句记不住，都是没有错误的废话。电视中有个性的雷人雷语少，一针见血的评述少，带有较强情感色彩的观点少。越来越中庸，越来越温和，只是为了点评不想得罪人的老好专家多起来。

二是同期声专家。环境调查式报道，这是不可缺少的组成部分。与调查节目一起采访，一起被当成素材制作而出现的专家（评论员），播出时以30秒左右的同期声出现，我们称之为“采访专家”，他与采访画面和配音契合使用的，由于受节目制作时间和周期的影响，受政府机关新闻发言人制度的影响（都不愿推荐官员给记者，而是推荐下属事业单位的学者和人员），往往是根据记者已经拟好的文字稿看几遍，形成思路后，面对摄像机和记者发表观点，供回去剪裁成多个小段落使用。这种评论已经成了对观众的敷衍，形成调查式报道“记者摆现象专家侃几句”的泛滥模式，“节目时长不够，专家讲话来凑”，否则不像调查式报道的样子。律师、研究员、教授、理事长等各种社会角色的“电视讲话专家”，说话时轻描淡写，慢条斯理，找不到令人眼前一亮的话，这种同期声用多了，不但不会提升节目的调查力度，而淡化了央视新闻报道的评论本质。

（五）央视调查式报道的强势作用需要再发力

“衡东学生血铅超标”的报道，过去八个月后才公布对责任人的处理结果，而且还只是对某局长行政记过，令人不解的同时又极为无奈。政府机构近几年对大众传媒的了解更丰富了，应对舆论风头的技巧更加“高超”，比如等着舆论关注的高潮浓雾过去，等着“全国人民”的注意力转移的时候，总之一拖再拖，以公文的形式宣布对有关人士的责任处理，不仅轻描淡写，而且有可能止于公文。

其实在环境新闻报道领域中，记者和编辑已经形成一套来自现实的思维定式：只要报道各种污染事件，最终的结果是基层环保机构的负责人成为替罪羊，得以暂时停职，“避避风头”之后，到其他局任高职和新职去了。也就是说，电视报道某种程度上成为促成责任人获得高升的助推器。虽然某种意义上新闻媒体的监督作用也就是发出声音就结束，政府如何针对新闻报道来处理官员，媒体无权干预。但是我国的国情不同，在有限的权力内，新闻媒介可以从时间上，从发挥各家媒介特长的角度，促进事件的快速进展。比如，“河北磁河皮革废水”的报道如果能在两个月后的六五环境日之前杀个回马枪，专门针对县环保局来一个采访，正是发挥中央电视台作用的关键所在。同样，湖南衡东的血铅超标，如上文提到的那样：上海《东方早报》深度报道后，当地毫无进展，各大媒体没有一点声响，而中央台的画面报道出来后，才掀起全国的舆论狂潮，成为热点与焦点。此后，央视再也无人跟进追踪。笔者获悉，截止到2015年5月中旬，该事件却逆转了：当地众多官员包干到户，威胁那些血铅超标想起诉赔偿的家庭必须撤诉，否则取消低保。笔者不知道，当初报道的中央台记者看到这里会怎样的心情？而当初对着中央台记者讲话的受害学生和家长，今天怎么寄望于中央台？

同样，《三亚市内河污染》报道中，出现的当地水利执法大队的官腔：“我们人少钱少管不过来。”这就值得追踪报道，或者敦促海南环保厅和建设局等单位，拿出一个整治污染的方案来。很多纸媒报道的内容没有一点作用，而中央电视台突然跟进报道时，舆论监督力度翻倍，立即促成了问题的解决。在大部分事件中，地方政府往往除了推脱、不立足解决问题以外，还寻找把事情捅出去的线人进行施压，以此来制止媒体的继续报道。当下中国新闻单位的去行政化改革还没有起步，大量地方问题不仅中央级纸媒的报道没有反应，省和地区一级的媒体报道也经常打水漂，只有中央电视台北京记者（而不是中央台地方驻站记者）的跟进报道，才能有所触动。

因此，当央视记者在第一次采访中“河北无极县饮用水污染”的农户，听到他们欲哭无泪的诉说时，一定暗下决心为他们鼓与呼，解决这一问题为百姓争一口气。如果告诉记者报道已经过去一年了，当地情况比去年报道时更加严重了，那中央电视台记者和编辑情何以堪？

综上，环境新闻的调查式报道是中央电视台民生类新闻的最重要的内容之一，因环境问题全社会关注，很容易形成最佳的媒介议题，也是争取忠诚收视群体的好题材。但是从央视常规播出的报道看来，存在着报道手法单一、不善于设计、落后于互联网时代的传播境况，面对观众的媒介素养的提高、互联网信息传播的挑战，央视的新闻报道需要从编辑部的运作机制上、记者的采访思维上、中央台舆论监督强势角色上，进行调整与改革，决不能固步自封、停滞不前，也不能畏惧新媒体竞争的压力，进一步扩大改革空间。

“互联网改变生活”通过手机随时随地用眼球与手指达到“围观改变中国”，中央台作为传统媒介的作用依然十分重要，甚至更加重要。作为有几十年历史的公信力较高、媒介行政权力最大、收视人群最广的中央电视台，与其他大众传播媒介一样面临新生代观众群的分化、人才流失和采访制作成本攀高等问题。但是作为媒体，需要与其他中小媒介、自媒体、微信公共号与微博意见领袖平等基础上竞争与合作，又必须承当强势媒体的角色以满足观众的期待，在信息传播领域和环境报道领域，释放出应有的能量。

环境报道的“双螺旋”结构：概念、特点及其实践

杨　辉

杨辉，本科毕业于南京大学国际政治专业，硕士毕业于北京大学国际关系专业。羊城晚报社环境记者，在报社开始跑线时在政文部，此后调入羊城晚报社深度部至今。专攻环境、食药安全、能源题材报道，领域为其钟爱领域，其中水污染报道过《广东近海污染 生蚝铜超标740倍》，土污染报道过《3500亩水稻难发芽之谜》，大气污染报道过《广州新煤城怎除霾》。工作经历包括2006年至2008年就职海南航空国际合作部，负责对外谈判。从业这些年也在思考：环境报道下一站何在？

一、“双螺旋”结构概念解析

报道和环境污染的现实关系是“双螺旋”结构，结构本身在推动环境深度报道“累积和演进”。环境深度报道和现实沿着双螺旋的路径独自演进：环保报道在累积基础上实现演进，建构出想象中的世界；现实则根据社会、群体、经济、文化的发展规律演进。两者存在超越和反超越情况。在环境深度报道过程中，抽象、建构，到读者再建构是三个最重要的过程。本文还要理清环境深度报道流程中前两个过程，即记者在抽象和建构某一污染事件的新闻时，如何进行取舍，如何评价一篇环境深度报道优劣。这涉及到环境深度报道系统的结构和基本论题：环境深度报道和现实之间是何种关系：前者干预后者，前者和后者交互，还是前者后者相互发展？

环境报道系统中，现实是驱动力和第一推动力量，是现实首先推动环境新闻的演进、累积，而非环境深度报道首先在推进现实。中国的环境问题出现一段时间甚至很多年后，环境深度报道才有可能出来，污染在先，而报道在后，这就决定环境深度报道情况落后于现实，很多时候报道可能是远远落后于现实。但一旦环境问题被深度报道后，现实就会被环境深度报道无限逼近或者超越，报道和现实之间形成了“双螺旋结构”：现实中一个污染事件爆发对应一篇环境报道，现实有其惰性、顽固性不易改变而不断向前发展，环境报道也同样在向前演进。现实中并非所有污染问题都值得去报道，只有其中遵循新闻规律的才能获得报道。而环境深度报道可以逼近或超越现实，但难以改变现实，环境深度报道和现实各自沿着双螺旋的路径演进：环保报道在累积基础上，沿着环境学科、新闻学、传播学规律实现演进，建构出想象中的世界；现实则根据社会、群体、经济、文化的发展规律演进。两者存在超越和反超越情况，在相互的缠绕中演进。这就是环境深度报道与现实之间关系的“双螺旋”结构，该结构揭示了在环境深度报道的系统中，环境新闻记者生产环境新闻的方法、流程、环境新闻功能以及对环境报道的评价标准。本文将以案例来验证“双螺旋结构”在实际环境深度报道生产的使用和对新闻价值的评价。

二、“双螺旋”结构的动力：环境新闻的专业主义

已有的环境报道研究没有按照新闻业务的常见体例系统化研究成果，多是围绕环境问题或者业主本身来谈，较为零散。[1]大部分新闻院校的研究人员喜欢从“受众—媒体—社会”三方面来分析环境传播，鲜有学者探讨环境报道最基本的问题：为了解决环境问题，环境新闻的专业主义精神与环境新闻中塑造的典型究竟哪一个更重要，谁是真正的动力系统？

环境问题出现后一段时间甚至很多年，环境深度报道才有可能出来，环境报道系统中，一开始报道落后于现实，很多时候可能是远远落后于现实。中国从20世纪80年代改革开放以来，经济建设加速，污染也在加速。这段时间环境深度报道的数量、深度和广度均不足。环境深度报道真正发力是在2000年后，2003年以后中国环境深度报道开始大幅度增长，有研究称

[1] 王积龙. 环境新闻研究的西方模式及其研究方向. 西南民族大学学报（人文社科版）. 2007（11）.

2000年后中国深度报道从“浅、中绿进入深绿时代”。[1]有学者统计《人民日报》环境深度报道显示，《人民日报》从2004年开始一年环境深度报道突破800篇。此后报道篇数稳定在800篇左右或者以上水平，此前年份环境报道明显少，2000年该报环境深度报道一年不足400篇[2]。环境报道落后现实另一个可供佐证的例子是：央视此前曝光“自来水检出抗生素”“广东近海污染生蚝铜超标740倍”等具有全国性影响环境报道，均不是曝光新问题，而是多年来一直顽固存在的环境污染，这些报道本身远远落后污染现实。

中国近三十年的发展，带来大量的环境污染，接下来的十到二十年里可能依然会存在。在经济效率和政绩观面前，地方政府常常将环境保护放在经济发展的对立面 ，很多地方一把手认为搞环境保护只会制约经济的发展。对环境违法行为迁就，干预环境执法情况并不罕见。对于敢于报道污染的记者，地方政府和主管部门实施“公报私仇”，将报道污染记者打入“冷宫”。[3]正如美国总统特朗普参选时所言，一旦当选就遣散美国环保署：“环保署这种机构简直就是个笑话。它就是我们创造就业、实现经济增长的绊脚石。”[4]这话极端，但直白地说出了现实。

在这个现实下，环境深度报道产生并成为独特的系统，系统中现实和报道之间形成了“双螺旋”的结构，缠绕着发展，

---

[1] 曹雪真，论绿色理念在我国环境深度报道中的纵深发展．今传媒．2014（8）．

[2] 史兴民，訾振凤，封建民，樊峰刚．环境新闻报道的内容及时空规律研究——以《人民日报》为例．江西师范大学学报（哲学社会学版）．2010（4）．

[3] 吴诚．论环境问题报道与地方保护主义的博弈．福建省社会主义学院学报．2008（3）．

[4] 特朗普与希拉里的能源恶战．中国能源报．2016-05-23（7）．

各自前进。有关环境深度报道功能业界和学界存在一个普遍的认知——环境深度报道的功能就是去干预现实。这种认知源自对报道和现实关系的思考不清。现实中大部分环境深度报道生存状态是“沉默的大多数”：报道发出后关注度不高，无法干预到现实。但这并不影响改变报道实现自己的功能，其对于未来社会的价值也未弱化。

环境新闻和现实之间的“双螺旋”结构也揭示了环境深度报道无须将干预现实作为报道的目的、功能。相比顽固的现实，环境新闻拥有建构一个新世界的权力：“媒体‘软’权力是社会权力系统中具有强大影响力的部分。它通过控制信息载体，来传播特定的‘符号——意义’体系，建构人们的认知概念世界、价值系统，形成对社会行为的隐性支配。[1]记者是通过选材和写作来反映一种价值观。环境深度报道也是通过人与人之间不断扩展开，实现隐性支配和建构起来的思想上的多米诺骨牌效应。说到底，通过一篇两篇的环境新闻报道或深度报道来干预现实的做法，或者报道和现实产生交互作用的做法是罕见的。[2]几乎所有涉及群体利益的环境问题如水污染、土壤污染、空气污染都会长期存在，环境问题也“不是单靠一个环境危机的报道，一个先进典型人物的树立就能够一劳永逸地解决的”[3]。

当下媒体人和研究者普遍误区是认为：“好的”环境报道就是通过报道让政府重视，受到高层领导批示，就能最终导

[1] 贾广惠，房继茹．“中华环保世纪行”报道背后的权力机制——以《人民日报》为例．新闻与传播．2014（6）．

[2] 宋亮．交互式报道——环境新闻报道的新思路．新闻界．2014（18）．

[3] 龚方敏，刘媛．框架理论视域下的《南方周末》环境新闻报道研究——基于2011—2013年的样本数据分析．西安石油大学学报（社会科学版）．2015，24（2）．

致了污染问题解决。从环境报道和现实的“双螺旋”结构可以看出，那些通过领导批示、依附权力而获得解决的环境污染问题基本都是“小而少”的点源性污染事件，对治理污染不具有典型意义。这类事件无法做到真正的干预和改变现实，只是现实长河中的一朵小浪花而非主流。一篇引起领导批示而解决了污染问题的环境深度报道，不能也不应该成为中国环境新闻工作者努力的标杆和榜样。过度聚焦受批示的环境报道对业界和年轻的环境记者有害无益。从环境报道的新闻专业主义精神来看，采访权作为第四种权力，也即监督的力量，其力量来源是特有的，是公众知情的权力，是外在的非来自政府授予记者的权力。环境新闻记者一旦把环境报道的作用置于政府领导批示的权力之下，这是对记者和环境报道系统价值的自我否定和迷失。在环境报道系统里，中国的环境新闻工作者应有的榜样是那些长期从事环境新闻报道领域、长期关注和报道一系列环境新闻的记者，他们不是政府权力的附庸，而是有独立的人格专业的环境知识和深度报道技能，这些记者长期在某个环境深度报道领域活跃，协助公众建构起对环境问题现状的认知，在各种力量介入下，跟随环境问题前行。

三、“双螺旋”结构在环境报道中的特征

大部分日报新闻、杂志、电视台生产的社会新闻都是消耗品而不是艺术品，朝生晚死，一年之中，全国的各种新闻报道在内，没有几篇能够留在读者的脑海里。为了生产出新闻中的艺术品，李海鹏在《时尚先生》的新闻实验室、网易《路标》

原创内容栏目，近年来通过生产类似纪实文学的新闻作品，依靠在选材、写法上超越了传统媒体，打造新闻“艺术品”，取得了一定成果。这类报道以人物、案件报道为主，作品不多。

环境深度报道则与普通的新闻消耗品不一样。污染的长期性决定环境深度报道也需要长期的演进和报道下去。环境报道系统中深度报道和现实之间“双螺旋”结构，决定了环境报道系统三个特性：“累积性”“演进性”“非时效性”。环境深度报道也脱离了消耗品特性，一些学者也关注到环境新闻这种特性：环境新闻是新闻发展到一定阶段进一步细分的结果，不仅具有几乎所有的新闻属性， 而且在此基础上还表现出一些特殊的规律[1]。

一是“累积性”。污染长期存在、环境深度报道需要长期关注，这使得环境深度报道在时间轴维度上具有缓慢“累积性”：一个事件的报道常常延续达数年甚至数十年之久，这就需要负责报道的记者和编辑长期关注某一个特定的环境问题，一旦该问题出现新的情况并且从新闻生产角度判断适合报道，就需要立即选题和组织力量对“老问题”进行新的突破性报道。

“累积性”存在于两种层面：一个层面是同一个记者和同一媒体机构不断关注一个污染问题而沿着时间轴持续报道污染问题的最新情况，这是质的突破；第二个层面是突发环境问题中，不同新闻机构在同一污染事件中，从信息源、包装角度、技术角度等各角度报道同一个污染事件，而让污染事件全方位呈现，最终达到报道短期爆发性的“累积”，这是“质”和“量”的双重突破。很多时候，不断“累积”起来的环境新闻报道在核心内容方面未有扩展，“质”上难以突破。2016年常

［1］ 王积龙. 环境新闻研究的西方模式及其研究方向. 西南民族大学学报（人文社科版）. 2007（11）.

州外国语学校“毒地”新闻事件中，首先是财新报道，两个月后央视在内的各家媒体跟进报道，后续“累积”的大量报道内容未突破财新的报道范围，报道内容严重雷同，最终导致常外事件报道这一环境新闻的“累积”特性实现的不佳。

二是“演进性”。“累积”之后报道开始“演进”。政治、人事变动使得环境污染出现新的情况，这时，环境新闻就可以实现了自身的演进更替：产生新的突破性内容和报道增量。“演进”报道通过层层剥笋，展现出复杂的社会中个人、官场权力、企业利益等各种力量的角逐，最终以小见大，展现“双螺旋”结构下处于系统中的人性和政治权力本身。

“演进性”是环境报道魅力所在。新闻说到底要落实到讲故事，通过故事实现文本的带感[1]。一个好的故事要涉及人性在种种现实中的际遇，环境新闻也是一样，污染最终要落实到人性上去操作[2]。人性、故事性让环境报道从环境小切口切入，圆满地展现社会庞杂的现实。重庆小南海水电站建设争议等报道圆满地展现了环境深度报道的“演进性”。

不过，有很多污染事件曝光后，多年来依然如同当初曝出时的那样问题突出，改善情况不佳，这使得各家媒体报道的“演进性”实现不佳。以全国著名的广东韶关大宝山矿污染报道为例。1979年大宝山下游地区的韶关上坝村就有群众到北京去反映矿山污染农田问题，2000年前后广东各家媒体都在报道从20世纪70年代开始的大宝山矿污染和下游癌症村，也提出了种种解决方案，比如2004年《羊城晚报》一篇报道称“大宝山矿污染有望解决”。到2008年该报报道“广东大宝山矿区废水污染40年致沿河400人患癌”。2011年该报报道“大宝山矿的废

[1] 陈亮．环境深度报道的人性化视角．中国记者．2004（12）．
[2] 高晶．环境新闻外宣报道的舆论引导．青年记者．2015年10月下．

水变清啦”。到2014年该报继续报道大宝山矿“救命”新矿遭环保部否决。再到2015年12月中新网曝出“大宝山近7亿治污癌症村有望被治愈”。但由于矿山方面利益纠葛、地方政府对污染治理态度暧昧，实际上大宝山整体的污染依然源源不断，没有根治。大宝山污染的报道中故事性、人性展现力度缺乏，原本从该污染治理中可以展现出中国社会复杂的矿业博弈，但从时间轴角度来看，多年来的有关大宝山的环境污染报道，在多家媒体多篇的报道“累积和演进性”实现不佳。大宝山题材的环境新闻报道一直未能突破2000年后媒体曝光出大宝山污染时的局面。大宝山矿污染报道如何实现“演进”，也是从业者需要破解的一个难题。

三是“非时效性”。不需要特别强的时效性，但需要从业人员的厚积薄发。例如常州外国语毒地事件从曝光出来到最终炒热相隔两个月，央视即使晚报道，同样引起热议。而央视此前曝光“自来水检出抗生素”“广东近海污染生蚝铜超标740倍”等具有全国性影响环境报道，均是在讨论旧问题，通过重新包装又引起一番热议。

在环境报道系统的“双螺旋”结构下，环境记者任何时候去一些污染地区采访，都会发现污染依然存在，改善不佳甚至污染加重，只要有合适的版面、栏目和领导布置，都可以形成一批引起热议的系列环境深度报道。在中国电子洋垃圾拆解之都广东汕头贵屿镇、清远龙塘石角镇，当地政府部门一直在这两地高举大旗打击非法拆解，但至今，由于当地政府部门也牵扯进入拆解产生的巨大利益链条中，甚至有基层村镇干部直接就是洋垃圾拆解大户，这就导致十多年来，每次取缔洋垃圾拆解最终都不了了之。任何时候境内外媒体记者到达中国的电子洋垃圾拆解地区，素材都信手拈来。

不过，突发环境污染的新闻对于时效性要求很高。在一些重大的环境突发问题爆发后，各家媒体同题材竞争的环境深度报道必须有第一落点抢现场和政府等各方反映，第二落点探究原因挖深度，第三落点拓展新闻视角做好新闻服务的需求。突发环境污染报道中，近年来媒体做得最好的就是天津滨海爆炸的报道，各家媒体从爆炸原因、安全生产、幕后权力运作系列层面，实现了一起爆炸事件的全方位解读。遗憾的是，类似滨海爆炸这类环境突发事件报道，国内媒体做得并不多。很多时候都是雷同内容的一再炒作，报道“深度”“广度”都无法拓展。

四、“双螺旋”结构的积累与演进：以小南海项目报道为例

在环境深度报道生产过程中，明白了报道与现实之间关系的“双螺旋“结构后，报道即可以开始选题和操作。大部分环境新闻记者写作中很容易发现自己变为了环境专家，写作变成了研究：大量的现场现象、数据堆砌，通篇的逻辑分析、因果关系论证，非专业读者极易产生阅读障碍。因此能够以故事手法阐述清楚一个环境问题的长期存在及其原因，避免纯粹现象的罗列，再现人性、权力中扑朔迷离一直都是一篇优秀环境深度报道的追求。

这里以《南方周末》稿件《环保部为何“侧击”小南海水电站》一文为例，小南海水电站建设争议事件完美印证了环境深度报道和现实之间“双螺旋”结构：现实中建设冲动的长

期存在，人性、权力在事件中的纠结和肆无忌惮，NGO、媒体开始对小南海议题的长期关注，同主题的报道在不断累积、演进，至今小南海的报道和现实还在进行。

重庆的小南海水电站拟在长江上游珍稀特有鱼类国家级自然保护区内建设，虽然遭到环保部等各方反对，但由于强力任务推进，项目差点就在国家级自然保护区内建成。2009年开始《南方周末》《南方都市报》《瞭望东方周刊》、澎湃新闻等对小南海项目的争议均有报道。在2009年至今的系列演进报道中，熟悉小南海事件的长江水利委员会原水资源保护局局长翁立达、国内鱼类专家曹文宣院士、反对工程的自然之友负责人张伯驹、工程主推方重庆市、工程环评审批部门环保部、昔日主政过长江上游鱼类保护区建设和水利工程的相关官员，以及已有的新闻报道，都能把事件来龙去脉说得很清楚。2015年4月初，国家环保部出台《关于金沙江乌东德水电站环境影响报告书的批复》（环审〔2015〕78号），否决了重庆的小南海水电站项目。2015年4月5日，《南方周末》绿版编辑何海宁关注到这个选题最新演进后，提议就最新情况进行报道。最新的报道必须在原有的报道基础上实现较大的信息增量。

《南方周末》绿版认为“小南海”目前碎片化报道及长篇报道都较多，再全知全能式地梳理前传和既往争论的价值不大，最新的报道行文时，有价值的信息增量放在文章前面，旧材料需要重设角度包装。开头导语部分放文章最核心、最吸引人的料。行文按老规矩布局：分成4—5部分，每一部分的字数在800—1200字，成一个版规模（报纸一个版约4500—5500字）。梳理材料的写法进入主题稍慢。不推荐使用。

小南海最新“演进”报道中，有两个新的点是必须有采访的突破：一是环保部为何会用这种方式否决小南海？二是最后的评审会详细情况如何，该篇报道的其他的内容，均是围绕这些来的。最终采访过程中，环保部的采访未实现“演进”目的。环保部收到采访函后并未安排采访。联系了环保部的相关负责人，对于否决小南海项目的评审会始末相关负责人不敢说或者不知道。

对重庆市委宣传部的采访实现了文章的信息增量部分：虽然环保部侧面否决了小南海项目，重庆市委宣传部接到采访，请示了相关领导后回复笔者表示，重庆方面并未停止小南海项目，相关工作还在继续。这一点的回应不长，但是此前所有媒体报道都没有这块信息。在这种情况下，小南海最新报道成草稿后，绿版编辑特别建议导语和第一、二部分仔细打磨一下，因为这两部分为文章主要增量，环保部评审会因为一点料都没有，未放在导语中。最终文章布局安排为：第一部分信息增量在重庆方面回复，主要解决读者阅读门槛，让读者进入主题；第二部分围绕环保部评审会否决小南海主题进行解答；第三部分是小南海前传，突出有趣和有人性权力意味的细节；第四部分是立论，论点要鲜明，论证的过程务必文以通达，剪去各种枝枝蔓蔓。

《环保部为何“侧击”小南海水电站》一文这个小南海最新的报道文章在2015年4月17日《南方周末》见报。腾讯“棱镜”栏目4月20日发出小南海项目另一篇报道：小南海水电站总设计师周良景称他的团队并未接到叫停通知，并称项目的最终审批并不在环保部，国务院都发文要求积极推进，环保部的批复和国务院冲突了。

环境报道和现实的“双螺旋”结构下，小南海项目环境深度报道还在继续“累积”和“演进”。现实中在水电开发和地方官员GDP的冲动之下，小南海项目还会继续往前走。报道和现实还在继续发展。

五、非典型“双螺旋”结构的重构

并不是所有环境问题都可以和现实形成“双螺旋”结构。一些环境污染和健康危害之间由于逻辑上无法自洽，导致同类的报道很难深入和演进下去。

2016年2月29日财新杂志率先刊出《名校与“毒地”为邻》，报道常州外国语学校与常隆化工厂等旧址毗邻，学生健康出现问题。这篇报道从受害者的角度展开，细节丰富、信息详实、立论逻辑清晰。这篇报道出来后，圈外关注该事件人不多。实际上大部分环境报道刊发后都是这种“沉默的大多数”。但该篇报道成了一个引子，2016年4月17日中央电视台接力报道了常州外国语学校新址环境问题事件后，引起了轩然大波，头条新闻、新浪微博、微信朋友圈等两微一端点击率暴增，仅仅是央视新浪官方微博，一条常外事件微博就有1.1万条评论量。环境保护部、江苏省政府获悉事件后立即成立联合调查组，赶赴常州现场调查。常州市委市政府也在自己调查。全国各地媒体如《新京报》《21世纪经济报道》等报纸相继前往常州报道该事。事件发酵为一场公共事件。

不过常外事件的报道和现实实际上并非“双螺旋”结构：如果是学校本身建在污染土地上，同时又有大量学生短期出现健康问题，报道即可和现实构成“双螺旋”关系，可以长期演进报道下去。但常外问题的现实是学校本身土地没有污染，而是学校隔壁的土地存在污染；而报道建构的想法则是论证学校所在土地污染跟学生健康存在关系，报道和现实产生了脱节，“双螺旋”结构没有形成，这导致常外主题接下来的所有报道无法“累积”和“演进”下去。

笔者在2月29日看到财新报道后，分析了常外环境问题，发现报道和现实无法形成“双螺旋”结构，在财新的报道上基本无法实现信息增量后，笔者放弃了从常外问题本身进一步挖掘的打算。开始着手在常外事件之外，从中国土壤修复现状的角度切入，通过报道来展现中国土壤修复混乱的现状。笔者和合作的无界新闻、广东卫视《环保先锋》栏目在常外事件后立即拿出长期准备好的国内“毒地”修复现状的稿，三家媒体在土壤污染报道的“累积”上重点不一，均实现了土壤污染报道“演进”，都有新的内容：4月21日《羊城晚报》的新闻APP——羊城派报道“广州303块工业遗留地开发成商业、住宅”，该报道拿出了广州303块工业地现状数据和修复效果不佳；无界新闻毒地修复的发力点在于个案解剖，由于该媒体当时已解散，跟踪“毒地”修复的前无界记者与搜狐财经《潜望》栏目合作，5月3日拿出重磅深度调查报道《广州地王消毒记：拟住20万人 重金属超标》。

土壤报道和中国土壤修复现状则可以构成完美的“双螺旋”结构，土壤报道具有“长期、累积、演进”的特性。土壤污染的长期性无须多言。今年5月31日“土十条”发布后，北上广“毒地”如何修复问题走入大众视野。随着北上广城市房价上涨、城市扩张，商住土地缺乏，2005年之后北上广等城市退二进三工作开展，大量城乡接合部、城区的工业企业外迁，第一批的污染土壤报道开始出现。广州媒体2005年之后集中报道了广氮地块污染土壤修复情况。但此时土壤污染问题受关注度不高，大环保宣传的格局还是年年“水土气优良”。随着2010

年后房价继续高涨，空气污染、灰霾报道骤然加速，水污染报道频频出现，北上广等城市更大规模的退二进三工作加速，这些因素影响下，土壤污染报道在2010年后呈现累积、演进加速的趋势。笔者从2011年跟踪广州保障房项目——南方钢厂保障房项目“毒地”修复开始，介入毒地修复。通过暗访发现该“毒地”的修复最终是将污染土壤倒到了武广高铁附近。随后跟踪过广州污水处理厂污泥乱倒、广州受污染河道淤泥乱倒等事件。2012年《南方周末》绿版报道过北京的《CBD地块低调消毒》。但在常外事件之前，影响力大的毒地修复的报道还没有，公众也是零星知道土壤修复这回事。国内媒体中，长期关注土壤修复的大众媒体很少。

台湾环境路步步不侥幸

卓亚雄

卓亚雄，现任《联合报》《中国时报》《旺报》主笔。经历：《联合报》30年，历任记者、采访中心副主任、海外室主任、国际特派员、编务委员、主笔，2010年7月1日离开《联合报》全职工作。目前专职趋势、环境、能源、粮食、资源等公共事务评论撰述。国际经验：曾独力赴40余国采访，足迹遍及全球。擅长领域：灾难、环境、气候变迁、能源安全、国际趋势、媒体素养……1997年起连续获得台湾十余项新闻奖竞赛首奖、杰出新闻人员研究奖、李国鼎通俗科学写作奖、永续台湾报道奖、思恒奖“新闻研究”等荣誉。

中国台湾的环境事件应断自1945年起，之前日据时代，甚至更之前的荷据或清治时代，影响相对较小。制度上的钳制，比不过传统对环境的潜意识，亦即中华文化的潜在环境观。

本文论述轴线二分为环境意识与环境事件。前者是整体民众的环境意识萌芽、成长与成熟，这部分无涉事件，或说事件只是辅佐，给予萌芽中的环境意识刺激，之后是意识与行动互为表里，一路拉拔的过程。

必须说明的是，两岸体制存在差异，台湾的经验虽付出相当大的代价，但对大陆不见得有参考价值，或说要经过相当转化才有其意义；因而，环境意识成长部分仅简略概述；环境事件因大陆也必将走过，无法跨越，将挑代表性事件逐一陈述。

一、环境意识

1. *历史没改变爱环境初衷*

概略以1945年二战结束、日本撤出台湾作为切割点。

1895年南京条约清廷把台湾割让给日本，日据初期，作为明治维新后日本第一个殖民地，原本想作为日本制度的海外橱窗，初期是打算复制日本形象，有短暂的一段用心治理阶段。

但再怎么用心，不敌日本的野心障眼；当日本侵略东南亚的野心日炽，台湾就成为失血满足日寇的“宝岛”，惨遭毫无止境的剥削。那个年代台湾有啥？自然资源而已。所以，那是无止境的掠夺。

台湾岛，狭长身形，400公里长，140公里宽，竟然承担100座3000米以上的高山；简单讲，每条河川的上、中游都是急坠而下，极度冲刷的环境；所以，森林在台湾是绝对的命脉，没有森林的拦阻，台湾的水资源第一时间就流失到海里了，不可能拦下来。

2. 沦为殖民地的悲哀

日本人的可恶，在于恣意剥削台湾。台湾的原始森林、林场被砍光、剥光；处在被殖民的情境，台湾无能力反抗。这应是国民党迁台后天灾不断的前因。当然，国民党初期的林政也本着“用”的原则，持续地错下去；甚至在“反攻大陆”的阶段性思考上，无止境地耗用台湾原始资源。

为了入侵东南亚，日本在台湾还有许多不为人知的举措，许多是遗毒甚久的危害。例如台碱厂，抽海水炼制氯，再由氯转制出溴，之后制造二溴乙烷，表面上解释这是航机的助燃剂，在航空燃油添加二溴乙烷能增加燃烧效率，如此就能飞抵原本台湾飞不到的东南亚国家，但这显然是台面上的说辞。

合理怀疑日本在这座碱氯工厂另外发展生物、化学战剂。从再次面世的一些照片可以看到，日据驻台总督曾数次巡视这个工厂，如果只是碱氯，只是做肥皂、酱油的低阶工厂，哪里要劳烦总督巡视？碱氯厂1980年废弃后，厂址水体竟然同时发现戴奥辛、汞的复合式污染。这是世界首例，不难想象日本人在这座工厂有什么不轨企图。

1945年之前的台湾岛，如果剔除日据因素，其实与自然相处得非常和谐。当时，除了本地少数民族，另有些大陆闽、粤人来台开垦土地，这些人都极其爱护土地，与环境共生，与台湾无害共存。

举简单一个小例子，兰屿达悟族天赐的礼物是飞鱼，飞鱼甚至会跳到他们的拼板舟上，但雅美人先民谨守份际，只有节庆祭典才适度捕鱼，尤其避开繁殖期，幼鱼不抓也是规矩，不会贪婪滥捕。人与自然是共生关系，互利才有共生的存在。不过，这个关系已因外力、观光等大量涌入的人潮而遭破坏，游客要吃飞鱼土产，出得起价钱，就一定有货供应。

早期的台湾岛也很和谐，多次台风等天灾后上山勘灾，惊讶地发现本地少数民族的房舍、吊桥都完好无缺。反而挟带新科技、工业文明的后续汉族开发行为一一破坏了这些房舍。中间的差异，在于是否奉行自然法则。古训说得很明“危地不居”，现代人却不识字了。

3. 利欲后的汉文化不珍惜环境

1997年的贺伯台风给中国台湾一个大教训：不重视水土保持，不重视人与自然相处，恣意妄为，以为人可以决定一切，错了、大错。1999年的“9·21”大地震给中国台湾致命一击，这一拳，有好有坏，终于让中国台湾认清自己如此脆弱不堪，因而开发行为加进环境因子。

贺伯之后，中国台湾的天灾立刻让人有感，包括百年一遇的大洪水、少见的土石流，这些都是突发吗？应该不是。大地的承受有他的临界点，在临界之前，都能默默包容，但过了临界，必然会有承受不住的反弹。中国台湾的高山山体其实相当脆弱，经过“9·21”这一击，各地的土石灾害不断，就连过去号称地质最稳定的苗栗黏土层，也有层出不穷的滑坡灾害。

环境意识的觉醒，无可否认是起源于环境抗争。1950年至1980年的中国台湾社会，开发远重于保育，甚至那个时刻还没有“保育”这个词汇。庆幸当年李长荣化工设厂于新竹“清华”“交大”边，这两校以理工见长，有的是这方面的专家。李长荣任令他们的化工废水横流，激怒了“清”“交”两校的专家，因而在“清华”校长毛高文领衔下，超过300位大学教授一起署名向“中央”请命：“请注意环保。”

这是一次非常平和的环境运动，参与者的理性、平和、讲道理，让民众认识环境运动不必激烈，是个说理的场域；这让之后政治诱因介入后的环境运动，仍然能有一群人维持初衷不懈投入，相信就是因为爱地球，爱这块生存的土地，才会有衍生的环境运动，动机非常纯洁。

当然，接续的环境运动是全然不同的面貌。在环境权益角力中，善良的民众永远不是财大气粗的开发商对手，不管是知识、权益维护，都完全没办法保护自己；这让一群政治秃鹰找到猎食的目标。于是，很热心地帮弱者“伸张正义”，带他们上街头、发声、抗议，几乎是无本生意。弱者有了发声的机会，政治秃鹰也因为热心，拿到选票兑换券。

直白地说，这些政治秃鹰并没有环境热情，他们其实并不于热衷环境保护，帮弱势声张，只是立足政坛的垫脚石。经常有这样的局面，晚上6时群众还没散，这群活动纠集、策划者便已离场，因为晚间7时还有一场群众活动要去。这对他们只是生意，无热情可言。

必须强调，环境运动摸索前行的过程，总是得付出代价，而且这些代价经常在活动之初无法预判。曾经因为两场环境运动，让台湾很受伤。一是1986年鹿港反杜邦设厂事件，杜邦拟设立的二氧化钛厂遭到鹿港民众全力反对，虽然杜邦的制程、品管都有一定水平，但抗不过民意高张，最终撤销了这60亿台币的投资案。

另一个案子是1994年德国化工大厂拜尔拟在台中港区投资600亿新台币设厂生产化工原料，当时值地方选举，候选人操纵这一议题，认为这无异埋毒家园，完全拒绝拜尔的解释，也无视拜尔过去的绿色绩效，最终让拜尔撤退，要命的是留下“中国台湾是不理性投资地区”的国际形象，之后有很长的一段时间国际大厂不敢问津中国台湾。

连续的环境抗争，让民众的环境意识迅速成熟，最重要的意义，是每个民众都成为环境的守望者、守护者。一些企图于不法利益的开发商，经常会利用民众没有警觉的弱点，恶意盗取环境财为一己利益。当每个民众都成为环境守护者之后，这张监视网的网目非常小，几乎巨细靡遗，让无良者没有太多渔利的空间。

只是，很多破坏行为是一夕之间，但要补救，可能十年也无法复原，包括地下水、土壤污染都如此。

二、环境事件

中国台湾的环境事件是一步步不打折扣地走过来的，其间的每一步，大陆都在经历，没有打折的空间，但台湾曾经走过的冤枉路，大陆没必要重复。简单来说，台湾花20年走过来，大陆至多5年应可克服。而且这5年不在硬件改善，而是人民的观念跟上，可以列举的事件非常多，仅举几个两岸共通，具代表性的事件。

1. 垃圾不落地说来简单

中国台湾早期政府的环境单位不叫“环保局”，叫作“清洁队”，顾名思义，业务只是垃圾清运。早年的垃圾收集，在集合住宅的两端设置“垃圾箱”，一个没有封盖、约一立方米容积的水泥构造物，集合住宅的民众把垃圾集中到垃圾箱，没有分类，厨余汤汤水水，蚊蝇滋生。靠近巷尾、近垃圾箱的居民都苦不堪言。

约在1980年开始做垃圾清运，送进焚化厂焚烧，那个时刻的关键动作是“垃圾不落地”，意思是垃圾从源头家中到焚化厂，中间没有停驻脚步，这也意味集合住宅两端的垃圾箱全数拆除；这不仅是除掉都市脏乱之瘤，也将都市蚊蝇滋生、影响卫生的乱源全数去除。

垃圾清运的下一步是回收再利用。认知上垃圾当中有许多资源，不能一股脑地全烧了了事，必须仔细做分类。台湾的倡导经验值得参酌，可回收、不可回收，可燃、不可燃，一项一项区隔清楚。中国台湾之前有一句民间俚语“酒矸倘卖呒”，意思是这些所谓的“破烂”，从中区分出哪些是可以变卖换钱的。有这样的民俗，让台湾推动资源回收轻易地有了成效。

这样的台湾经验当然也存在于大陆，因为是勤俭成性的同一汉文化根基。不同于西方国家，资源回收经常要动用到外力的检查机制，例如德国，请童子军帮忙，固定日子回收资源垃圾，不是资源垃圾的垃圾桶不但不收，还要罚款；中国台湾跨出资源回收这一步，的确是驾轻就熟。

2. 公厕革命

这是个很浩大的工程。早期中国台湾的公厕也让人却步，大致是大陆目前乡间的标准，至多是多了扇门而已。早期的农业社会，强调水肥利用，是农渔牧三栖经营，人们、家畜的排遗一路进了鱼池，池子里养些淡水鱼，一方面可已有些鱼蛋白的收益，另一方面也可分解排遗除臭；那个年代人畜的排遗还做堆肥使用，如此再利用，当然造成环境脏乱。

公厕的革命也是从观念起始。之前认定公厕就该是脏乱，就没有动机去改善公厕的环境，一旦“公厕为什么要脏臭”的问号浮现脑海，公厕革命便一日千里地展开。这个概念在大陆还需要鼓吹，前不久国家旅游局局长才因为许多外国、外地观光客对大陆公厕抱怨，发起要求风景区管理单位多盖厕所，注意清洁的指令。

必须强调，公厕革命成功与否关键在“观念”，不在上级单位的饬令。你认为公厕应该是清爽、芳香，自然有推进的动机；若还是老式公厕的认知，那将不可能有改进动力。中国台湾的公厕在观念革命后，接着是“模范公厕”的选拔。一如观光饭店，公厕水平一样可以颁发星级标章、五星级公厕，其温馨、清爽的程度，一如高品位的客厅、饭店大厅。

公厕运动更进阶到“感谢公厕”的心理层次。这当然合理，公厕为你解决内急，为什么不该感谢它？于是，在中国台湾发展出波澜壮阔的洗厕所运动；各单位的领导带队洗厕所，不是冲水，是趴在地上仔细刷，把便器刷得晶莹剔透，不存在一丝异味。

值得一提的是，公厕革命要从孩子扎根，学校里不仅校长带头洗厕所，而且班上前3名的优等生才有洗厕所的机会，当同学把洗厕所视为荣誉，整个社会自然尊敬公厕。中国台湾目前学校、公园、公共场所的厕所水平绝对是世界一流，不仅没有不敢如厕的局面，甚至想光临放松。

3. 让几亿烟民少抽烟

早年台湾吸烟的人口比率应不比大陆低，当然20世纪80年代大陆10亿人口号称3亿烟民确实是个极巨量的数字，推就原因，无非是贫困、物资匮乏的年代，没有休闲活动，只能以劣质香烟排遣；台湾早年吸烟成风，从服兵役配给每个月10包烟，即可见吸烟风气。

至少到20世纪80年代，吸烟还是中国台湾某些行业的文化表征。例如新闻业，案头一定有烟灰缸，写稿时烟不离手，仿佛文思与烟雾共生。一些基层公职人员如警员、村里干事，民众上门也是从奉烟开始，仿佛香烟是解开人际之间隔阂的最佳工具。

约在1985年前后，严道医师掀起中国台湾一波反二手烟运动，当时还不是反烟，是反二手烟，呼吁吸烟者尊重不喜欢闻二手烟者的权利。严道先生是先行者，他走得很辛苦，甚至为了反烟，接受有创意点子的人抽着烟贡献想法。即便当时严先生年事已高，也仅偶尔咳嗽表示不适，不拒绝出点子的烟客。

反烟在台湾的经验或许不能移植给大陆，因为量体差太多。反烟是个源自西方的潮流，中国台湾或许因经济、教育、文化交流，与西方思潮接触较早，西方思潮的引入或接触较无落差，以致在1985年至1990年期间，反烟认知逐渐成熟，尤其可贵的是，这是吸烟者的自发。

必须强调，这与政府订立“烟害防制法”关系不大，任何一项社会上的移风易俗，必须有观念革命；当吸烟族感受到尊重他人的嫌烟权是必要的，随手捻根烟的同时，就会在意周遭不同意的眼光，点火的动作必然会迟疑。中国台湾因“烟害防制法”开罚的例子有限，但烟害确实大幅降低，这说明了每一项社会革命都需要先觉醒。

很有意思的是，各个上班场所开始限缩抽烟场地，不要说不再能于办公桌前吞云吐雾，走道不行，洗手间也不行，最后被驱逐到大楼门口。考虑无辜者的嫌烟权，人与人间相互尊重是基本原则，必须维护。

4. 国粹吐痰现下落伍了

中国人的吐痰文化蛮可怕的，同样，如果没有观念上的改革，这习惯不容易改。从痰盂谈起，皇宫贵族的厅堂必然备有痰盂，相当精致，没人把那随口一吐当成不雅。清朝大臣李鸿章出洋议约，留下纪录的不是什么丰功伟业，而是在豪华外轮上“啐”的一口浓痰，吓得洋人不知如何应对。

不是空气不好，肺不强健，就是习惯；可能这习惯还带有些文化、阶级上的优越感，但如此的旁若无人，也真是今古奇观。我怀疑是文化习惯使然，吐痰是表达愤怒的方法，只要那一口啐出，不满也消了大半。这部分无可考证，但确实有其渊远趣味存在。中国社会阶层划分明确，但没有哪个习惯像吐痰般，不分阶层的全民运动。

中国台湾这局面也花了很长一段时间去改，最关键的还是观念。当大家都认为吐痰是野蛮、粗鲁的行为，自然会避免再犯。同一时间医疗知识也适时辅佐，提醒大家呼吸系统的废物浓痰，其实吞下肚无妨；从呼吸系转到消化系，肠胃道的酸碱环境可以去处理，那反而比较健康。

5. 山林保育，中国台湾的痛苦经验

前面提过，这个环节做得不好，是中国台湾的痛，至今或之后都要承担下去。同样的问题也是大陆眼前必须正视的问题，汲取短利，必将付出长远的代价。山林，蕴藏太多的利益，也是城市舒压直觉的选择，经常在不经意间，造成山林无可回复的伤害。

就中国台湾而言，农业上山造成极关键的伤害。平地日夜温差有限，农作物种不出那样的脆、甜，海拔1000米以上山区，日夜温差大，夜里有霜打，农作物无论口感、甜度，都是平地农业无法企及的。自从某位农业首长喊出农业上山的口号后，台湾山林沦陷的速度惊人。

以中国台湾的山高水深，山林担负的责任当然是“国土”保安，没有什么短利可超过“国土”保安的权衡；因为农业上山，大面积高冷地蔬菜、温带水果、高山茶，造成中高海拔无可回复的破坏，大量的农药、肥料经过雨水冲刷入水库，等于宣判水库的死亡。

尤其，山上的矿藏是个大问题，山区通常会有可观的矿藏，这些矿藏都是地方有势力人物的禁脔，要拦阻他们，大大

不易。台湾的例子值得参酌，在玉山到台东瓦拉米沿线，有非常丰富的金属矿物蕴藏，地方政治人物施加极大的压力要求开路；问题是一开路，如同蜈蚣脚爪般地四窜、深入，破毁将无由阻止，那将是整个森林的毁灭。

那个时刻，中国台湾有多位有远见的政务官值得佩服，虽然山区有非常多的矿藏，但了解开发后果后，毅然终止山区骨干型道路开发。要知道山区开路有数不尽的掌声，“道路是文明之母”，喊停道路必然引来骂声。大陆目前面临的开发压力绝不输给当时的台湾，需要智慧做抉择。

集水区管理也是个要命的事。中国台湾如今面临苦旱，其实这个局面该怪自己。中国台湾长时间要求多功能水库，但是水库怎可能多功能？防洪的水库要蓄水的库容；灌溉的水库则要满水灌田。在“统统都要”的贪婪下，水库面临定位的问题，毕竟，只有一好，不能两好。

6. 气候变迁，别当“你家的事”

近年的环境偏重全球化议题，根本源头是“我们只有一个地球”。这样的观念移入当然有其切身性，但还牵涉到翻译得当，与观念递擅。先谈观念，1992年巴西里约高峰会强调我们只有一个地球，让地球上大大小小国家忘记了自己的在地责任，认为在地球村之下，责任可以分摊给已开发国和地区。

这样的思维显然是错的。没有好久，大家发现地球村概念最大的疏误，是大家忘记自己才有最就近的观察，自己才知道哪些是最迫切该做的；如果自己放弃第一时间工作，要远在天边的国际警察来代为执行最迫切的工作，很显然会失掉先机，能救的变成不能救。

气候变迁、地球暖化远不远？这要看地方。土瓦鲁这样的岛国，随时会有陆沉危机，当然很迫切；但以大陆而言，暖化则是有利有弊，各有不同感受，怎么可能同一口径表态？最近大陆有所大学成立气象学院，几位国际顶尖的中国气象学家共同说辞是“不急吧，影响到大陆，还早”。

气候变迁的两极化反应：一是变暖；一是异常。这是很现实的例子，大陆黑龙江省原本日温不足，夜温够低，这样的环境无法种稻子。气候暖化后，日温升高，成为利于稻作的环境；诱因日夜温差大，稻作质量成为全大陆之最，超过鱼米之乡的江南。如今年产超过一亿吨，成为黑龙江省最重大的获利来源。这样的条件，你怎么要求黑龙江省抑制暖化？

国际的例子也一样。日本311福岛核灾后核电厂一度全停，完全依赖全球抢天然气来供应。乌克兰的天然气，20万吨的槽船过不了苏伊士运河，必须一路绕西非，走好望角之后进入印度洋，再从马六甲海峡才能经东海到日本。但是拜暖化之赐，北极溶冰，配备一艘破冰船，槽船就能从乌克兰走北冰洋，穿白令海峡到本州岛青森港，燃料费用节省60%，它为什么要抑制暖化？

所以，气候变迁涉及的利益因素，至今是许多国家或地区无法克服的。若因此得利，不可能抑制暖化；若像土瓦鲁这般的陆沉，由于是预期值，何时会发生是个未知数，因而在说辞上也力道有限。

就全球的角度，地球暖化带来的危机是具体且迫切的，毕竟这有很强固的科学支撑。之所以各个国家有一搭没一搭，这得怪科学家说理不明确，分明是个简单的道理，却包装得不易亲近。尤其美国前副总统高尔《±2℃》的论述，文化上的隔阂，加上几近恫吓式的说辞，其实是适得其反。

中国台湾在这件事情的最大败笔，出在全盘移植西方，未曾思考如何与生活中的文化、风俗挂钩，生吞活剥地搬一堆西方的东西过来，遭受排斥是必然的。很遗憾，暖化是迫切的事，不能因为一些通晓西方的学究疏忽而犯下大错。在课堂上、圈子里怎么吊书袋都无妨，但跟社会、民众沟通，请讲白话文，与日常生活能够接轨的白话文。

7. 别忘记在本土文化上立足

类似的例子太多了，例如生物多样性，之前译为物种庞杂度、物种歧异度，请问这是什么中文？每个字都认识，但串起来无法传递概念；例如永续发展、可持续性发展，为什么不能用大家都懂的“生生不息”？与文化接轨的词汇，不必解释就能懂，不能接轨的汉字符串，怎么解释也不懂。

类似的错误还在持续。例如2010年在日本举行联合国生物多样性公约缔约国会议，通过“里山协议”，从那时起，台湾兴起一阵里山热，更糟糕的是以官方力量、资源去推动。里山的“里”是日本概念，意思是住处附近，里山是指住处临着郊山等地景，里海则是住在近海的低地，可能有海岸、湿地等不同地景，当然有“里地”这个词。

“里山协议”试图将人、产业、地景与自然的互动整理出来，目标相当崇高，但问题是里山这个词汇不应照搬到中国台湾，因为中文里有“生态小区”同样含意的词。简单地说，和民众谈里山、里海，民众会不解到底在说什么，但若说生态小区，大家立刻能具象地接收信息。很遗憾，这又是无意间造成的错误，引进人只顾着照搬日本词汇，忘了引述具体的中文意涵。

照搬西方词汇造成环境观的接收断层，更大的问题是搬移西方观念的同时，忽略了环境运动一定得在本土扎根，才可能收治本之效。中国人必须先厘清文化中怎么定位环境？文化里可有环境哲学？先把这些厘清楚，再进一步找出生活上的高排碳因素，认清生活上存在高排碳行为，理解我们是地球暖化的重度加害者，才可能着手减碳，守护地球。

近十年的地球减碳行动美国前副总统戈尔是重要的发动者，他的那一套西方思考，几乎全盘被搬到中国台湾，例如拒喝瓶装水、食物里程、骑自行车、多爬楼梯、环保餐具等，这些当然是好事，但与中国人的生活习惯关联性不大，至多只是西方社会常用、随手易做的手法，和中国人、汉文化的关系不大。再说，戈尔为何不针对美国的汽车文明设计减碳对策？他田纳西州的豪宅有26个房间，这又该怎么讲？

中国人生活中确实有太多的高排碳因子，糟糕的是融入生活，我们习以为常，不去注意这会高排碳，这些例子俯拾皆是。举例说，清明祭祖是儒家文化非常重要的一项，纸钱焚烧的量被视为对先人的怀念，无不大量焚烧纸钱。清明前后，地球感热卫星侦测东亚地表的颜色竟是显示高温的一片通红，不难想象排碳量多么高。

民俗、宗教活动的烧纸钱燃放鞭炮，也因为民生富裕有愈来愈高趋势；且绕境、回銮、做醮排场越发变大，人员移动量的增加，随之引发的碳排放都很可观。除了有形活动之外，日常生活中不知不觉地增加碳排放，也更垫高了台湾社会的碳排放量，这些都在我们生活周遭。例如进餐厅要灯火通明，进庙宇要香火鼎盛，这些都是被忽略的生活里的高排碳因子。

城市化、经济及消费活动也增加了耗能，同样麻烦的是我们一无警觉。过去建筑房舍会注意风向、方位，如今都市化后不但是水泥森林，还以玻璃帷幕拒绝一切自然通风。更可笑的是迷信恒温环境、变频空调，冷气压缩机随时都在运转，随时都在耗能、排碳。

只有警觉文化、生活中的高排碳因子，才可能着手减碳、爱环境、爱地球。这部分，台湾才刚开始起步，尚未形成认知，没有大型社会运动出现，当然更谈不上法规约束。

报道中国　聚焦西部　传播绿色

——2014年中国环境新闻记者年会纪实

王积龙

王积龙，上海交通大学媒体与设计学院环境新闻研究中心副研究员。

环境新闻记者年会2014“报道中国 关注西部”与会者首先从我国建立环境新闻记者年会的必要性展开讨论，即做到环境科学与新闻传播的有机结合之必要性。主题部分的研讨涉及西部民族地区的环境保护与舆论监督；另有我国部分绿媒体成功经验分享；最后在新环保法出台之时探讨我国环境新闻发展面临的机遇与挑战。

为期两天的中国环境新闻记者年会（2014）“报道中国 聚焦西部”于2014年12月27日至28日在上海交通大学举行。此届年会70多位与会者来自全国18个省（区、市），包括40多家媒体、15个学术机构、7家非政府组织与7家新媒体等单位，另外国家环保部与上海市环保局也有官员参会。各方记者、专家聚焦我国环境新闻界发生的重要热点问题，政策走向，分享经验，并对前沿问题展开探讨与相互学习，传播着来自环境新闻记者领域的正能量。

一、中国环境新闻记者年会的必要性

我国从2014年开始举办中国环境新闻记者年会，是新闻界与环境科学界自觉团结起来推动生态文明建设来传递正能量的结果。在西方发达国家早已有之，美国的环境新闻记者于1989年创立环境新闻记者协会（SEJ），并于1990年开始举办一年一届的美国环境新闻记者年会，目前已经举办到第25届年会；欧洲法国和德国的环境新闻记者于1993年创建国际环境新闻记者联盟（IFEJ），以欧洲28国为主的环境新闻记者也定期举办专业年会。

（一）环境新闻记者的环境科学素养

环境新闻记者至少具备两种专业素质：一是科学素质；一是新闻敏感和政治敏感。《中国环境报》社长、主编杨明森认为，从科学素质上来看，环境新闻记者素质有四个层次：“入门”“入行”“入道”与“入境”。“入门”就是对环境新闻的内容之基本问题有所了解，说话不露怯；“入行”是采访能够说明基本意图，知道专家在哪里，约稿找谁；“入道”是能够根据科学知识判断事实的真伪、观点的对错、传播时机的先后等；“入境”是懂得科学事实，有自己的观点，敢于坚持，收发自如。这些都需要以环境科学知识为基础。

针对这一问题，上海交通大学副校长吴旦认为，我们在力图打造出第一个属于中国环境新闻记者业务交流的公益平台——中国环境新闻记者年会，目的就是加强记者的综合业务水平。记者具有很敏锐的问题意识，这是一个优势；但在环境科学领域的知识可能会有所欠缺。上海交通大学具有环境科学与工程领域的特殊优势，如电子废弃物的回收、水污染、大气污染、固废污染处理与回收等都具有科学研究方面的学科优势。我们交大的科学家也会直接参与环境保护，如孔海南教授带领近20位师生常年驻守云南大理洱海边防污治污十余年，促进洱海水质的改善。我们也希望通过环境新闻记者来带动公众参与，扩大环保的规模，让技术、科学、政府管理与新闻监督互惠互利实现共赢。

（二）环境新闻记者的政治素养

《中国环境报》社长、主编杨明森强调环境新闻记者需要懂政治。首先，环境新闻所涉及的边界越来越大，如减排温室气体，气候问题谈判、产业升级等都变成了政府议程，成为生态文明建设的重要指标，环境问题政治化已经超越新闻职业边界；其次，越来越多的新闻事件由环境问题而生，却发展成群体事件，再有可能变成政府信息公开与舆论监督等政治问题；最后，越来越多的政治精英参与环境保护与环境信息公开，不仅在于维护环境权益，还在于表达公平正义的政治诉求。因此，作为环境新闻记者，必须懂政治，仅懂得环境科学知识还远不够，需要在业务上的提高，环境新闻记者年会就是一个业务交流与提升的平台。

上海交通大学副校长吴旦认为，交通大学举办年会的优势就在于人才领域，不仅有环境科学领域的人才，教师队伍中也有在国际上发声的专家，如此次参会发言的耿勇教授，就是我国参加气候变化框架条约讨论的中方专家、交大特聘教授，他显然能够带给我们记者以专业知识，同时也会有政治高度，这种平台的交流显然具有积极意义。中央人民广播电台记者汪永晨认为，新闻与环境科学的结合是环境新闻年会尝试建构的一种交流方式，我们这次西部江河水环境新闻专题里就请了一些环境科学家，如长江流域水资源保护局原局长翁立达，就是水利专业背景，翁先生参与长江三峡工程、中线南水北调工程等环境影响评价，懂环境科学，又懂政治。上海交通大学媒体与设计学院院长李本乾认为，我们打造的中国环境新闻记者年会这样一个公益交流平台就是整合各种力量，为满足环境新闻记者的特殊职业需求而创建的，目标是通过新闻传播学科优势推进我国生态文明建设。

二、我国西部的环境问题与舆论监督

我国西部大开发以来，工业产业结构开始西移，在西部出现了开发与环境保护的矛盾。今年中国环境新闻记者年会以“报道中国 聚焦西部”为题，就是较为全面从新闻传播学角度回应这个问题。

（一）我国西部独特自然人文环境及其舆论监督

我国西部开发与环境保护传播的研究是一个广阔的领域，

但也必须遵循西部自身规律。在西藏工作与生活有50年之久的西藏自治区前广播电视厅副厅长、中国西藏信息中心总编辑张小平认为，西部的环境保护与舆论监督首先需要新闻人对我国西部有较为深刻的了解，然后才有动力去保护这块美丽的地方。到目前为止，张小平先后46次进入西藏、10次进入新疆、11次深入内蒙古、数十次进入云南等西部区域采访、调研，深知那里的贫困，深爱那里的壮阔美丽，有保护西部的责任感与动力。其次，西部是少数民族聚居区域，环境保护与民族发展相联系，因此张小平主张西部环境新闻发展要与政治学、新闻学、社会学、民族学与宗教学结合起来，逐渐发展出一门推动我国生态文明建设的绿色学科。

西部有其独特地貌及其环境问题，新疆的环境新闻报道首要内容是推动公众参与来治理沙漠。《新疆日报》高级记者刘枫认为，在多年来与风沙博弈的过程中，新疆已经形成了政府带动、多主体参与的防沙、治沙格局，记者在这个过程中起到联系政府与公众之桥梁的作用。多主体参与的结果是新疆各族群众的生态保护意识明显增强，如今天山南北活跃着数支环保志愿者队伍，他们穿越塔克拉玛干沙漠、走进阿尔金山自然保护区，开展一系列环保活动，在社会上有较大的积极影响。横断山研究会首席科学家杨勇主张公民参与在西部环境新闻生产与舆论监督中的作用。他说西部地广人稀，污染源分布隐蔽而广泛，中央级媒体不易达到这些边远地区，地方媒体又不敢轻易报道，因此公众参与相当重要，他作为一位独立的民间科学家深知媒体人带动公众参与舆论监督的重要性。

西部环境保护得从提升青少年的认识开始，可塑性使得青少年成为优先传播的对象，他们是西部绿色的未来。“野性中国”创始人奚志农的演讲以自己数十年来在云南大理、西藏等地的摄影、摄像为例，认为中国现在的环保教育要有重点，从小学、中学抓起，借助影像的力量，如野生动物灵性认知、被捕杀等镜头等，能够把环保的重要性通过视觉冲击力表现出来，传递给大众。他认为今天是环境问题倒逼公众环保意识的提高，青少年对问题敏感，是西部的未来，抓住这个重点更有利于环境新闻记者来推动工作。

（二）我国西部江河水资源保护与舆论监督

我国的大江大河之源头多起源于西部，在西部开发中如何让保护河流的科学声音在新闻传播过程中赢得公众支持很重要。中央人民广播电台记者汪永晨通过怒江开发中“有序建坝派”与“建坝派”之间媒体战之阐释，指出“建坝派”在媒体宣传中更多以民生（发展经济）为诉求，从而获得更多当地民众的支持，重在当前获利；“有序建坝派”则以生态功能与少数民族原生态文化的保护（生态价值）为诉求，重在造福子孙后代。“有序建坝派”强调舆论战中媒体利用中央政府的长远发展战略为宣传诉求，以此纠正地方政府短期经济行为的策略。她强调媒体的正能量要从长远发展角度来定位。

媒体应关照水资源利用中的风险。横断山研究会首席科学家杨勇主张媒体对于江河水的关照要放在西部开发与全球变暖的大背景下来思考，关注开发过程中水资源利用中的风险。长江流域水资源保护局原局长翁立达认为，媒体应该密切关注三峡蓄水以后的生态问题，包括泥沙堆积、清水下泄、生物繁衍与下游湿地保护等系列问题。翁立达认为目前三峡泥沙堆积问题与防洪功能好于预期，就在于之前这些问题得到媒体的充分讨论。引导公众参与建言建策，才能够趋利避害，符合政府当初建坝造福于民的初衷。

公众参与和政府推动信息公开是水资源保护的有效形式。

“绿色浙江”会长忻皓从近年来“绿色浙江”推动的“吾水共治”行动来说明公众参与对推动政府环保工作的有效性。“绿色浙江”与浙江卫视的新闻联播合作，发动浙江公众寻找身边能够游泳的河流，一步步推动公众参与。后来浙江省委、省政府从浦江综合治理开始，全面整治浙江境内的水体污染。结果是媒体2013年全年报道“吾水共治”篇数就有136篇，公众参与中浙江47条河道治理，为此设立56位民间河长，民间组织与志愿者主动参与舆论监督与河流治理。这些公众参与和媒体舆论监督极大地推动了浙江省政府对河流污染的治理。

三、我国部分媒体环境新闻方面的成功经验分享

由于我国绿媒体发展的不平衡，此届年会中来自北京、广东与台湾等省市的媒体人与大家分享了媒体环境新闻方面的成功经验。

（一）我国绿媒体在环境新闻生产方面的经验

我国较为成功的绿色媒体之新闻生产多有独特的市场定位，即初步形成交叉竞争的格局。《中外对话》副总编徐楠认为央视环境新闻报道多围绕政策与重大典型事件来影响全国舆论；《南方周末》绿版发挥社会调查揭露真相的传统强项来确立环境新闻的特色；《21世纪经济报道》之《低碳周刊》则偏重于低碳金融与低碳政策来制作和传播环境新闻；《中外对话》则以英汉双语写作为平台，以跨文化、跨语言与比较视角来生产环境新闻。每一个较为成功的绿媒体都会有不同的市场

生态位，从而避免恶性竞争。

环境新闻生产要与公众生活紧密相连，要以社会问题单来设置媒介议程。《新京报》首席记者陈杰主张环境新闻的生产要“干预现实”。环境新闻是适应生态危机而生的，它的使命就是为了推动公众认知以解决生态危机，前提是进入媒介议程引导公众认知并发现问题讨论问题。环境新闻生产的过程中需要有科学家做支撑，一是保证科学性，二是做出与公众生活相关联的阐释。以陈杰的腾格里沙漠污染报道的成功为例，环保部《环境与生活》杂志主编梁平认为沙漠本身是一种合理存在，是维持整个生态平衡的重要组成部分，与我们普通人生活相关，这需要媒体去做科普。她认为《环境与生活》杂志这几年发行量上升，与这一点做得好有关。

环境新闻要与普通人的生活相联系，要有拳头产品。《南方周末》绿版主编何海宁强调《南方周末》绿版2009年10月首创绿色新闻理念，并在力图在全国媒体面前做绿色话题的意见领袖。为此，“漂绿榜”被树立为绿版的拳头产品，专为那些声称“绿色”却又有污染之实的企业立碑；“绿色”板块议程紧跟中国社会问题单，如早期的四大板块的污染、能源、城市与健康，都是与普通中国人的生活相关；近期的健康就是与食药总局合作以推动问题解决的新闻板块，如“北京咳”最早也是绿版提出的。何海宁强调，绿版在其他新媒体平台如微信、微博等交互平台传播各类环境新闻，但绿版原创新闻的浏览量最高。他认为世界其实并不浮躁，成功之处离不开媒体定位。

新媒体平台的新闻生产也要紧密结合社会问题单。澎湃新闻之绿政公署记者黄志强认为澎湃新闻的“绿政公署”创办之初步成功也是在新闻生产上紧密联系实际。作为一个新媒体项目，初创之际正好遇到上海历史上最严重、持续时间1个月的雾霾。与传言中上海雾霾来自外地不同，“绿政公署”经过仔细调查得出结论为雾霾源头主要来自上海及其周边的长三角地带。这些科学的结论无疑具有影响力，当澎湃正式上线时，一下子出现四五十个微信公众号。真相的力量给澎湃新闻的发展带来机遇，雾霾报道做实了关心雾霾的公众端，特别是具有好奇心的知识分子群体。

（二）我国绿媒体在环境新闻传播的经验

环境新闻传播效果的逻辑起点在于遵循普通人的生活。台湾《联合报》主笔卓亚雄认为环境新闻要想达到好的传播效果需要处理好中间受众定位、遵循生活逻辑与去掉道德优越感三个方面的问题。首先要把受众定位为中间人，因为财团、肥佬们死不改悔，不必对他们多费口舌；绿色十字军、狂热环保分子比媒体积极，无须说教，媒体只能对准中间人群，这是一个新闻传播效果的基本逻辑起点。遵循普通人的生活逻辑就是要把生态危机这样一个大的结果与普通人的行为习惯联系起来，变普通人之消费者角色为环境加害者角色。如中国人烧香拜佛、节日燃放烟花等民俗习惯，要与高排碳、全球变暖等后果联系起来。我们可以欢乐，但需要改变一些陋习，进而成为一个环境的守护者。最后，环境报道中不要把信息传播者的格调放得太高，像个清教徒或再洗礼教徒，这是不体谅对手，质化了不同，形成了对立，这样不利于新闻传播的有效沟通。

媒体环境新闻的议程设置应该充分利用新媒体优化选题效果。中央电视台新闻中心首席记者藏公柱强调像央视这样权威媒体会利用新媒体的传播效果进行媒体议程的再次设置，以期达到较为理想的传播效果。他认为央视不太容易灵活地做一些事前的选题策划，像环境问题等报道在时间上往往落后于其他媒体。但央视也有做得很好的环境报道，这类节目在制作之前多数是经过互联网如社交网的网友讨论、转载与沉淀的，央视经过二次选题、二次采访进行再制作，从而达到更好的传播效果。

同此，《新京报》首席记者陈杰也强调利用新媒体发声与做实舆论的重要性。传统媒体不太容易推出一个负面消息、一则批评报道，而新媒体如微博、微信可以较容易做到，然后传统媒体跟进。陈杰在采访腾格里沙漠污染时就充分利用微信、微博、凤凰网、新浪网等同时推出环境污染报道，图片、视频、文字、科学数据、专家观点等同时传播，很有冲击力。第一次传播形式的多样化，证据、材料的充足非常重要，新媒体可以帮助记者很好地做实这一点。《南方周末》绿版主编何海宁认为要想达到好的传播效果，环境新闻的传播一要抓住最佳舆论时机、二要注重形式。2009年秋《南方周末》的绿版创刊之际，正好赶上吸引全球媒体注意力的哥本哈根全球气候谈判，这有利于提高创刊之初“绿色”在国人中的关注度。再如陈杰老师的腾格里沙漠污染报道，当初传播时候正好是一个爆发大环境事件的淡季；从形式上来说，有多媒体图片、视频进行视觉传播，沙漠里面肮脏的污染物与沙漠的金黄色、高远蔚蓝的天空形成强烈的对比，很有视觉冲击力，从而更有轰动效应。

四、我国环境新闻面临的挑战与机遇

我国的环境保护事业是在经济全球化时代下进行的，很多议题设置与考察标准也受到国外媒体与组织的影响。另外，新的一年即将到来，我国新环保法于2015年实施。这些将会给我国的环境新闻事业带来哪些机遇与挑战？专家就此展开讨论。

（一）我国媒体在环境新闻领域面临的挑战

我国媒体里的环境保护理念往往受到国外组织或媒体理念的影响，中国的环保组织与媒体要走向世界，对我国环保事业来说一直是一个挑战。民间环保人刘立灿认为我国境内的环保组织与媒体存在着一定的依赖关系，国外媒体也有类似情况。我国媒体人要想在国际环保领域发声，就需要中国能够产生在国际上有影响力的环保组织。这种影响力主要表现在议题的设置与理念的引导上，如同今天在华的西方绿色和平与自然基金会组织一样。这对我国从事环保的媒体人来说是一个不小的挑战，但会有这样的一天，也会有这样的中国国际环保组织，因为中国的整体影响力在扩大。

互联网大数据同样给环境新闻的发展带来挑战与机遇。中国广播网副总编辑伍刚认为环境报道具有至少有两方面的特质：一方面如《中国环境报》社长杨明森先生所说环境新闻是政治；另一方面环境新闻是科学报道，它具有科学特质。互联网的发展带来了工业化以来的第三次革命即信息革命，我们如何利用互联网的大数据来让环境报道更符合科学，这是我们新闻人面临的挑战。澎湃新闻之绿政公署记者黄志强认为，澎湃新闻已经把数据新闻作为自己新闻生产的半壁江山了。整个团队有六十多人，而数据团队就有近三十人。如气候移民的报道是通过大数据来呈现的，且大概花了近半年的时间。澎湃新闻就是想利用新媒体平台建立数据新闻来报道环境问题，化挑战为机遇。

（二）我国媒体发展环境新闻带来的机遇

我国新环保法给环境新闻发展带来机遇。上海交通大学环境法教授王曦认为新环保法七章比老环保法六章多出一章，这一章题目就叫“信息公开和公众参与”，主要是要求地方政府监督企业环境信息的公开，实践也表明如果地方政府失去舆论监督也将会成为环境问题的制造者。为了保障这一信息公开就引进了公众参与，新闻媒体应该是公众参与以对地方政府进行监督的重要形式之一。这是史无前例的法律变革，我国没有新闻法来规定媒体有权对某一领域进行舆论监督，而新的环境保护法明确规定这一条款，将会给环境新闻记者的新闻生产带来法律保障。王曦教授进一步指出，这种监督实质上是环境保护的“三角模型”监督机制，即信息公开和舆论监督过程中有三方环保主体参与。具体地说，企业和政府各为一方，政府监督企业是管制和被管制关系；第三方环保主体的作用就是监督和舆论监督，包括新闻媒体、公民、社会组织、人大、政协、法院等主体身份参与。多方环保主体的参与使得新闻媒体监督变得更有实质效果，会带来新闻媒体监督的新机遇。

在环境问题报道方面，媒体舆论监督范围将得益于“环境法的新常态”。中国政法大学环境法教授王灿发主张我国环境法将会走向新常态，这将会为我国媒体舆论监督扩大范围提供法律保障。环保法的“新常态”是指从立法、执法、司法、守法等法律领域所进行的更稳健的体系建设，媒体与公众监督因此进入法律规定的信息公开领域。如修订中的《大气污染防治法（修订草案）》共102条，内容更严密，媒体监督有章可循。“新常态”还包括程序的合理与完整，我国之前的环境立法重实体而轻程序，这不利于舆论监督。因为只有更合理的程序才可以执行下去，这是一个逻辑起点。“新常态”还包括执法机构的明确分工，国务院为了加强环境执法专门提出“网格化的管理”，而不是以前的“群龙治水”。这种“环境法的新常态”会使得舆论监督常态化，有看点，各种社会资源也会倾向于舆论监督。比如新环保法中提高违法责任的罚款限额，最高不设限额，规定按日计罚。这些冲突与新变化在新闻生产领域都具有戏剧性，在传播中有看点，媒体舆论监督能够吸引公众眼球，这些都是收到较好舆论监督效果的前提条件。

PART TWO

第二章

多媒体与绿信息

2015年中国绿色公号年报

汪韬　何海宁（数据支持：清博新媒体指数）

汪韬，《南方周末》绿版新闻部记者，绿色公众微信号“千篇一绿”管理员。环境科学硕士，从事环境报道五年，相信媒体是环境保护公众参与中重要的一环，当然，环境报道要专业，也要有趣。

如果从微信公众号平台上观察中国环保舆情，2015年的关键词是空气、自然、天津港爆炸和环评。

这是对全国625个绿色公号（指环保生态类微信公众号）的统计分析所得。2015年，这625个绿色公号共发布了16.54万篇文章，涵盖了从官方到民间的所有绿色资讯。如果你一个人将它们全部看完，相当于一篇不落地阅读整整60年的《南方周末》。

包括11篇阅读数过10万的文章，绿色公号在2015年共获得了5123.7万次阅读，59.3万个赞。然而，60%的绿色公号平均阅读数小于110次。半亿阅读数并不意味着绿色资讯的整体繁荣。

一、总格局上“劳模”多“尖子”少

绿色公号分为省部级和市县级的环保部门政务公号、媒体、企业、环保组织、高校院系和环协等五大类，其中市县级政务公号最多，为181个，占29%；省部级则最少，为18个，占2.9%；媒体占8.2%，环保组织为12%，企业为27.8%，高校环协13.4%。

虽然公号数目较多的市县级政务、企业绿色公号发布的文章数目也较多，分别占到32.4%和24.8%，但在总阅读数中被媒体公号抢了风头：占到公号总数目8.2%的媒体公号贡献了一半以上（51.7%）的阅读量，也获得了最多的赞。

2015年共有249个工作日，625个公号中共有48个公号的发布次数超过249天，节假日也发布内容，可谓“劳模”。其中，“劳模”最多的是省部级绿色政务公号，“山东环境”和“京环之声”（北京市环保局官方公号）365天每天都发布文章。“山东环境”在2015年共发送了2767篇文章，平均每日发布7.6篇文章，位于所有绿色公号之首。

然而总体而言，绿色公号的文章多而不火。

全年16.54万篇文章，平均阅读数只有310次。625个公号中，60%平均阅读数小于110次，意味着一个绿色公号的平均阅读数达到110就算及格了，达到625就算90分。其中，绿色政务公号虽然最为勤快，但是阅读量却不理想，89.5%的市县级、61.1%的省部级政务公号平均阅读数小于200。省部级政务、企业、高校院系和环协公号的平均阅读数频率图呈“L”形分布：大量公号聚集于平均阅读数小于200次区域。而媒体、环保组织和市县级绿色政务公号的平均阅读数频率图略呈U形分布，说明此三类公号中虽以小号居多，却也潜藏着一些大号。尤以媒体最为明显：31.4%的媒体公号平均阅读数小于200次，13.7%的媒体公号平均阅读数大于2000次。

二、政务公号：应急和执法信息为刚需

为进一步了解公号文章的传播特征，选择2015年阅读量超过5000的1402篇文章进行分析。

省部级绿色政务公号中共有48篇阅读量超过5000的文章，来自8个公号。其中“浙江环保”以17篇、超过1/3的比例占据第一。而阅读量最高的来自“山东环境”，其转载的《人民日报》报道《滨州几乎所有新项目被叫停》：根据环保部通报，滨州因减排约束性指标未完成而受到了最严厉处罚。

按照话题类型，这48篇文章可分为本地话题、全国话题、他地话题、国际话题和绿色生活五类。

其中他地话题和国际话题较少，两篇他地话题均来自“微言环保”对于临沂治污的评论；仅有的一篇国际话题是“浙江环保”的NASA航拍璀璨夜景。

数量最多的是本地话题，占64.6%。其中尤以诸如环保知识竞答、环保摄影比赛、“最美环保人”评选等本地活动最受

欢迎，在省部级公号阅读量过5000的文章中，约三成均是此类文章。

本地环境应急的文章总量不多，但一手消息经官方发布，极易引起关注。在7篇本地应急的文章中，“京环之声”的3篇文章和“浙江环保”的两篇文章均是空气重污染预警，“天津环保”的两篇文章则与天津港爆炸相关。

爆炸次日，2015年8月13日发布的《关于滨海新区瑞海公司危险品仓库爆炸事故环境应急监测情况》，虽然是18：16才发出的，依然获得了超过两万的阅读量。爆炸第3日的《“环评”与“安评”》虽然位于第3条的位置，也获得了1.6万次阅读。

政务 省部级

中国政务绿色公号阅读数TOP10

2015年年报

出品丨千篇一绿

序号	公众号	发布时间	标题	阅读数
1	山东环境 sdshbt	2015/6/17	滨州几乎所有新项目被叫停	40239
2	微言环保 weiyanhuanbao	2015/7/4	临沂之战	28115
3	天津环保 tthb_tj	2015/8/13	关于滨海新区瑞海公司危险品仓库爆炸事故环境应急监测情况	23860
4	天津环保 tthb_tj	2015/8/14	“环评”与“安评”	16537
5	浙江环保 zjhbwx	2015/5/25	“最美环保人”评选20强公布 决选10强等你投票	16488
6	浙江环保 zjhbwx	2015/10/19	浙江最美的徒步路线，秋天才刚刚开始	10520
7	浙江环保 zjhbwx	2015/10/20	老百姓太聪明了，一句话解决垃圾分类的关键难题！	9798
8	河南环保宣传 henanhbxc	2015/7/30	省环保厅首次公布全省县级城市环境空气质量排名	9550
9	浙江环保 zjhbwx	2015/6/10	浙江“最美环保人”最终名单出炉	9115
10	京环之声 bjhbxc	2015/4/8	燃气锅炉排放将出更严苛新标准	9032

市县级绿色政务公号阅读量过5000文章中，呈现出“温州环保”一枝独秀的局面：以33篇、62.3%的占比雄踞第一。这个成绩在全部公号中也是屈指可数——阅读量过5000文章主要集中于10个公号，排序为环评爱好者网316篇；给水排水191

篇；雾霾生存手册为107篇；E20水网固废网104篇；环境保护82篇；温州环保33篇；固废观察30篇；千篇一绿29篇；绿色和平25篇；秘境守护者23篇。其中8家为媒体类公号，仅有“温州环保”一家为政务公号。

在“温州环保”的33篇阅读量过5000文章中，60.6%为绿色生活。其中，《天啊！原来旧手机这么值钱！我保证再也不扔了！》以两万多的阅读数位列“温州环保”首位。其他如鉴别毒蘑菇、洗衣服等阅读量也较高。

除“温州环保”外，市县级公号虽有180个，其他却大多表现平平。与省部级公号中有阅读量高的全国话题不同的是，除了“温州环保”之外，其余公号阅读量过5000的20篇文章皆为本地话题。与省部级公号类似的是，本地活动，诸如“寻找民间环保达人”、青少年环保主题涂鸦大赛、环保小天使等文章最易得到高的阅读。

与省部级公号类似的是，执法信息的文章关注度较大。“佛山环保”的两篇均是8月份的环保夜间执法。“连云港环保”“孟州市环境保护局”阅读量过5000的文章也是环保执法。

本地活动、应急消息同样颇受关注。尤为明显的是，“新乡市环境保护局”2015年仅发送了36篇文章，而两篇发布和解除雾霾红色预警的通知，阅读数分别超过6万和1万次，甚至高于同期“京环之声”关于北京红色预警的文章。

值得注意的是，“新乡市环境保护局”2015年全年只发送了36篇文章，这两篇高阅读文章体现了在突发应急事件时，小号具有的爆发力。

类似的，成都环保《四川石化环境监测情况》一文发布了成都市石化园区石化项目火炬冒黑烟后的监测数据，虽然居于当日该公号的3条最下位置，且只有240个字，却获得了逾2万次的阅读，也是成都环保唯一一篇阅读量过5000的文章。温州环保2015年7月、8月的两次关于台风来临的文章，也获得了过万的阅读。

政务
市县级

中国政务绿色公号阅读数TOP10

南方周末

2015年年报

出品丨千篇一绿

序号	公众号	发布时间	标题	阅读数
1	新乡市环境保护局 xxshjbhj	2015/12/23	新乡市人民政府办公室关于全市重污染天气II级（橙色）预警响应升级为I级（红色）预警响应的紧急通知	61250
2	温州环保 zjwzepb	2015/11/2	天啊！原来旧手机这么值钱！我保证再也不扔了！	24771
3	成都环保 chengduhuanbao	2015/7/23	四川石化环境监测情况	23721
4	温州环保 zjwzepb	2015/7/9	史上7月最强台风“灿鸿”正面袭击浙江！应对台风，这些事情你一定要知道！	21280
5	温州环保 zjwzepb	2015/7/16	温州一家六口五人不治身亡！全是因为吃了这个常见的东西...	18652
6	温州环保 zjwzepb	2015/8/27	99%的人都错了！原来衣服需要这样洗，省钱，干净还环保！	15799
7	温州环保 zjwzepb	2015/7/30	在温州住哪层噪音最大？住哪层空气最脏？真相只有一个...	14541
8	新乡市环境保护局 xxshjbhj	2015/12/25	关于解除新乡市重污染天气I级（红色）预警响应的通知	13993
9	连云港环保 lyghuanbao	2015/7/20	【环保关注】连云港22家污染企业为其“任性”买单 火速围观	13934
10	孟州市环境保护局 mengzhouhuanbaoju	2015/5/15	昨夜孟州“蓝天雷霆”在行动----限期拆除取缔锅炉，连夜整治碳火烧烤	13897

三、媒体公号：垂直度决定阅读数

高阅读量文章的主要来源是媒体公号，1402篇阅读量过5000的文章中，75.6%（1058篇）来自媒体公号；环保组织占11.6%（162篇）；企业占4.4%（62篇）；市县级政务3.8%（58篇）；省部级政务3.4%（48篇）；高校占1.4%（19篇）。

在媒体公号内部，接近七成（67.1%）的阅读量过5000文章来自垂直专业网站或自媒体属性的公号；传统媒体包括期刊、杂志和报纸只占到32.9%。

这与媒体公号的新媒体属性有关。在51个媒体公号中，垂直网站和个人公号分别占到47.1%和25.5%，杂志、报纸、期刊和电视公号极少：杂志和报纸均只有5家，期刊只有3家，电视仅有1家。

从单个公号来看，排前4位的“环评爱好者网”（316篇）、“给水排水”（191篇）、“雾霾生存手册”（107篇）、和“E20水网固废网”（104篇）均有超过百篇的阅读量过5000文章。这4个公号都是垂直度高的专业公号，专注环评、水、气和环保产业。此外，按照环境要素细分的公号还有“土壤观察”“固废观察”（30篇）“中国大气网”和“水进展”等。

可见，绿色媒体已呈现出垂直化、专业人办公号的特征。大多数媒体号来自环境背景的专业网站、资深业内人士、环保部相关机构主管杂志以及中文核心期刊。只有“千篇一绿”“绿政公署”和“水晶碳投”3个公号分别来自《南方周末》、澎湃新闻和《21世纪经济报道》。

媒体公号聚焦细分领域话题，又可分为两类：一类面向圈内人士；一类面向公众。

第一类的典型代表是“环评爱好者网”，以527.4万的总阅读量排在所有公号首位。该公号阅读量过5000的316篇文章中，58.9%和环评相关，包括环评政策、文件、评选、考试、通报批评等各项内容，内容生涩难懂也无大碍，因为这正是技术控粉丝的必需。例如专业性极强的业内文件：《【独家】新〈建设项目环境影响评价分类管理名录〉（全文）》，阅读量近5万次。

“环评爱好者”中位列第二的文章是环境管理类，包括环保法律、体制改革、人事变更等。人事变更类的文章文字不多，但发布了就会受关注，如《中国环科院院长、副院长被行政处分》《周生贤被免去环保部党组书记》。

第三类的是行业消息，包括职业资质证书考试以及搞笑的段子。吐槽或搞笑的段子易引起共鸣，如《我的爸爸是做环评的》《娶个环评MM的N大好处》《环评人都是天生的段子手！》。这些文章有的与环评无直接关系，比如“给水排水”也有一篇类似的《设计师都是天生的段子手！》。

除了专注环评，“环评爱好者”对于环保热点也几乎没有遗漏，天津港爆炸、临沂治污争论、“水十条”发布、昆山“8·2”特别重大爆炸事故调查报告也均有涉及。

与环评爱好者类似的还有“给水排水”“环境工程”“E20水网固废网”“中国环境投资联盟”“中国环境投资联盟”和“固废观察”。

《给水排水》是中文核心期刊，其官方介绍是：“创刊于1964年，是国内水行业创刊最早、发行量最大、涵盖内容最广的全国中文核心期刊。”除了住建部的消息多于环保部外，其他内容性质与环评爱好者类似，聚焦于污水厂、管道、建筑设计、海绵城市、行业资质考试和行业八卦等。

《环境工程》（月刊）是环境保护科技期刊，文章阅读数少于前二者，文章构成也类似，如阅读量最高的是《近60种污水、废水处理工艺流程图及典型工艺》。八卦类文章也不少，如《要嫁，就嫁干环保的男人们》。

“E20水网固废网”是在中国水网、中国固废网、中国大气网的基础上发展起来的媒体，专注环境产业。根据该公号发布的统计报告，大致可分为6类：负面事件相关、政策信息速递（水十条、十三五等）、大企业大事件、盘点及排行、行业研究、环境人相关。和其他专业媒体账号较大区别是，E20原创文章较多，占到一半。

“中国环境投资联盟”也是环境产业类媒体，关注中国环境产业集合投资、业内并购、技术引进、资源整合、项目开发。与E20相比，原创内容较少。“固废观察”由上海环境卫生工程设计院院长张益创办，文章构成以垃圾处理、污泥处置、土壤修复等话题为主。

面向公众的媒体公号为“雾霾生存手册”“秘境守护者”等。“雾霾生存手册”由杭州骑友方达创建，专注雾霾，2015年的179篇文章中，三成的文章标题中包括“霾”字。该号可能是享有粉丝数目最多的绿色账号，达40万，2015年平均阅读数达8134，位居第一。“秘境守护者”由媒体人、公益人搭建，专注人与自然和谐相处的话题，2015年有357天都发布了内容，平均阅读量也达到了1236。

和第一类专业公号偏重专业术语不同，这类公号的创立者大多不是环保专业人士，文章内容通俗易懂、贴近大众。能够脱颖而出，源于应对雾霾和回归自然是公众最为关注且愿意采取行动的环保话题。由此，对于口罩、净化器的测评、农场体验师的招募，都颇受欢迎。

近年来环境报道趋热，机构媒体设立绿色公号的却还不多。在这类官方微信公号中，阅读量过5000的主要为独家新闻报道。如《南方周末》旗下新媒体“千篇一绿”，阅读量过5000的文章以第一时间的独家深度调查报道为主。如古雷石化爆炸、环保部长陈吉宁履新等。类似的，澎湃旗下公号“绿政公署”3篇阅读量过5000的文章也是独家即时新闻：“失联”的天津港消防支队、秸秆禁烧标语集锦和长江沉船。

此外，“千篇一绿”正往环境产业倾斜，出现了《鹏鹞环保西宁被驱》《住建部被疑“指腹为婚”，三家国企瓜分百县地盘：污水处理“公私”之争》等阅读量高的产业报道。“环境保护”是环保部主管的媒体公号中阅读量过5000文章最多的。该号为《环境保护》杂志的官方公号，在阅读量过5000的文章中，类别最多的是环境管理类，占到82篇文章的45.1%，其中15篇文章标题包含“局长”“部长”字眼，如《环保局长：有些环境监察人员像20世纪80年代的农村派出所警察》《火速处理环保局长，这样真的好吗？》等文章以环保局长的口气，感叹环保工作的不易。

在“环境保护”的原创内容中，《【实名举报“地下藏毒”】两家上市公司万吨危废偷埋江苏靖江养猪场》和与之相关的三篇原创文章阅读较高。

四、企业号：自娱自乐点赞多

共有23个企业账号的62篇阅读量超过5000，深圳市能源环保有限公司以15篇、24.2%的比例占据第一，其中有5篇均是随手拍照片评选活动。

阅读量过5000的文章类别中，企业新闻最多，达56.5%。这些企业新闻来自15个企业账号，均为宣传企业产品、业绩、活动推广等。其次是转发新闻为19篇，占30%；逸事为6篇，占9.7%。

企业账号内容总体偏公司内部，公共传播度不广。但也有一篇面向大众的黑马文章：2015年12月18日由中科博联发布的《【有理有据】谁是北京雾霾频发的元凶？》的阅读量超过了10万。此文全文转载自新浪微博CUCTony 2015年12月15日的

《谁是北京雾霾频发的元凶？》，原文获得了超过14万的阅读量。这篇文章同时被中国大气网转载，也获得了1.7万次阅读量。

CUCTony的新浪微博标签是北京电视台“一名关注环保的普通电视记者”，粉丝和微博数均不多，对于自己这篇文章被多家媒体转载，CUCTony也很意外：“此文写作初衷只是为了解答身边朋友疑惑，没想到得到多家媒体垂青。”

五、环保组织：最爱大自然

仅次于媒体公号，共有33个环保组织的159篇阅读量超过5000，绿色和平以25篇、15.7%的比例占据第一；重返森林以18篇占11.3%占据第二；自然之友、世界自然基金组织分别以16篇占10.1%占据第三、第四名；蔚蓝地图以11篇占6.9%排名第五；阿拉善以10篇占6.3%排名第六；山水自然保护基金与它基金以7篇占4.4%排名第七、第八；大自然保护协会与绿色浙江分别以4篇占2.5%排名第九、第十。

和其他几类公号不同，环保组织公号文章中未有一类阅读量遥遥领先。自然保护和组织活动类以37篇和35篇位居一二位；大气环境、绿色生活与天津爆炸以25篇、23篇和14篇紧随其后。

多数环保组织账号均有自然保护的内容，自然类是环保组织的传统话题，也最易引起读者关注。《致北京市公园管理中心的公开信：不要再拔野草了》《关于叫停观澜山水田园萤火虫放飞活动的呼吁书 ——让深圳不要成为这100000只萤火虫的坟墓》阅读量过2万，均属于行动类的保护文章。而萤火虫的文章是深圳市红树林湿地保护基金会唯一一篇阅读量超过5000的文章。和其他类账号一样，活动类的阅读量高，如WWF有6篇阅读量过5000文章均是“地球一小时”的活动。

绿色生活的文章主要由蔚蓝地图、重返森林和自然之友贡献，内容包括归园田居、旧物利用、室内种菜等。在环境污染方面，环保组织最关注的是气。绿色和平的城市PM2.5季度、半年和年度榜单阅读量均超过5000。绿色和平《北京空气都检测出重金属超标了，为什么戴口罩的人还不到10%……》阅读量超过了10万。和气相比，水、固废类的高阅读量很少，分别只有2篇，重金属污染的则只有1篇。还有5篇环评相关，来自绿色昆明和自然之友，内容均和中石油云南炼化项目的环评有关。其中，绿色昆明的《公众参与安宁石油炼化项目大调整》阅读还超过了10万。

六、高校：校内活动火于环保活动

高校院系和环保协会阅读量过5000的文章均不多，共计19篇，其中南京大学环境学院以7篇的数目位列第一；广东环保学院环境科学系、华南农业大学环保科技协会、化工化学与环境学部以2篇排名第二、第三、第四的位置；广东还原生态环境系团总支、河南农大资源与环境学院、江西环境工程职业学院、重庆大学城环学院、资源环境学院以1篇占据六到十的位置。

高校阅读量过5000文章内容以校内活动的拉票为多，且大多与环保无关，如十佳歌手、暑期社会实践、运动会等。和环保相关的只有南京大学环境学院的环保服装和华南农业大学环保科技协会的节能宿舍评比。

七、击中痛点，小号成10万+黑马

2015年，发布文章数最多的是6月5日世界环境日，但这一天并未获得最高的阅读数。从2015年每日的总阅读数可以看出，总阅读数呈现3处高点：2月28日，8月13日—14日和12月18日。这3个时段的新闻事件分别是“8・12”天津港爆炸、全国多地雾霾和北京再次启动红色预警等。

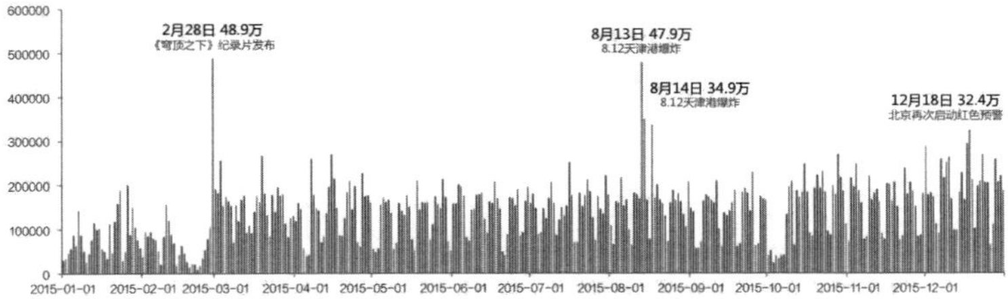

因此，关键时机击中粉丝的痛点，即可出现黑马。“8・12”天津港爆炸后一周内，有195个，即31.2%的绿色公号发布了641篇相关文章。8月13日，因涉事的企业环评报告曝光，环评被推上风口浪尖。在环保圈内，为环评喊冤的文章最受关注。《爆炸和环评有半毛钱关系？！》《天津爆炸，谁最该站出来？》的阅读量均过10万次。前者来自“环评爱好者网”，后者则来自环保组织“绿石环境行动网络”，是一个一年只发送了99篇文章的“小号”。8月14日，政务公号“环境保护”和“天津环保”也加入了关于安评和环评的讨论，依然获得了高阅读量。

相较于爆炸，雾霾其实是常写常新的旧闻，有了类似红色预警启动等触发点后，公号们一开始聚焦事件本身，紧接着又会回归雾霾的成因、治理、防护等老问题。

例如，2015年底京霾围城时，企业微信公号“中科博联”《有理有据谁是北京雾霾频发的元凶？》、专家组织公号“中国环境规划联盟”《关于北京市幼儿园及小学教室安装空气净化器的意愿调查》阅读数过10万次。《工程院唐孝炎院士谈雾霾产生的真正原因》是2014年的媒体采访，在2015年12月又被9个公号转发，其中4篇的阅读量仍然超过了8000次。

绿色公号11篇阅读数过10万次的文章几乎都与空气、天津爆炸相关，唯一例外的是环保组织“绿色昆明”发布的《公众参与安宁石油炼化项目大调整》，与之类似的还有“绿色昆明”和“自然之友”的其他5篇文章，阅读量都超过了5000次。高阅读数背后是公众参与的力量，4个月后，中石油云南安宁炼油项目被环保部勒令叫停。

八、运营者说：工资少，转发狂

共有48个运营者填写了《2015年绿色微信公号运营者现状调查》，他们大多数是环境科学和传播学专业背景，以80后居多。2万粉丝是分界线。48个账号中，79.2%的粉丝在1.5万以下，16.7%公号的粉丝在2万以上，在1.5万—2万粉丝之间，恰好有一个最低点。

环保组织忠于原创，政务公号爱转官网。对于公号的内容来源，100%的受访环保组织表示以原创为主，只有一家选择了从环保类官方网站找素材。政务账号刚好相反，只有一半的受访者表示以原创为主，近八成的政务账号要从环保类官方网站找素材。运营者都是转发狂。为了提升阅读量，所有的受访者都表示得转发文章至朋友圈，95.8%的人会转发到微信群。有一半的受访者表示这两种方法最为常用。互推活动不常用。互推是公众号涨粉的计策，绿色公号中只有6.3%的公号常用此计。

运营者中新手多，兼职多，工资少。87.5%的运营者从事微信运营不到两年，37.5%的不到一年。全职的占39.6%，兼职的占47.9%。45.8%的运营者月工资低于3000元。大部分账号没有考核任务，大多数人喜欢微信运营工作。64.6%的账号没有考核任务，有考核要求的环保组织账号多于政府账号。只有两个人表示不喜欢或很不喜欢这份工作，可能是这两个账号恰好都有考核任务。

除了一位政务微博的维护者表示“很开心，完全无苦恼”外，其余运营者都有难处，主要是素材难找、工作烦琐（如排版）以及所属单位/公司没有提供足够的传播资源。

我国绿色金融信息公开体系建设的渠道与问题

徐 楠

徐楠，中央财经大学气候与能源金融研究中心高级政策分析师，曾任双语环境网站中外对话北京副总编辑，《南方周末》绿版新闻板块创始人之一。

一、概念

国际上大多把绿色金融理解为做与环保相关的投融资。扩展后的定义认为，绿色金融包括在金融服务中纳入环境因素，如金融机构的风险管理过程中参考环境方面的因素。一个完整、高效的绿色金融体系，包括银行与信贷、资本市场、保险、PPP与环保基金、碳市场五个方面。金融的根本作用是支持和服务实体经济，已经成为现代经济体系的命脉。世界范围内人口、资源与环境问题日渐突出，成为困扰人类可持续发展的主要问题之一。

麦肯锡全球研究院和全球能源与材料咨询业务部预计，从现在起到2020年，全球若每年在改进能源生产率方面投资1700亿美元，可使每年2.2%的能源需求预计增长率至少降低一半，达到1%以下；但在所需增加的资本中，发展中国家占了2/3，仅中国每年就要增加280亿美元的投资。如此巨额的资金需求，仅仅依靠政府的投入是远远不够的，需要依靠低碳金融的市场机制及金融产品在间接融资和直接融资市场进行融通。预计2020年之前，中国绿色债券的年均规模估计将近3000亿元人民币，对于绿色低碳经济的发展形成巨大的良性支撑。

近10年里陆续发布的一系列政策文件，体现了对绿色理念的倡导，虽然其中有些文件的政策激励效应大于政策约束力度，但它们已经为构建系统性的绿色金融政策框架形成了初步的基础、积累了政策经验。2015年以来，绿色金融进入快速发展，与之相关的环境信息基础设施问题也更为凸显。

二、我国绿色金融体系五方面的现状

如上文所述，高效的绿色金融体系，包括银行与信贷、资本市场、保险、PPP与环保基金、碳市场五个方面，我们来分析我国这五方面的发展现状。

一、起步阶段的银行与信贷体系。至今为止，绿色信贷是中国绿色投资的主要来源。中国银行业协会发布的年度《中国银行业社会责任报告》显示，截至2015年底，中国银行业金融机构绿色信贷余额8.08万亿元，占各项贷款余额的9.68%。目前每年新增信贷总量约为10万亿元，如果只有10%为绿色信贷，即1万亿元新增信贷为绿色，则只能满足每年4万亿元绿色投资需求的1/4。

二、时间短、基数大的证券/资本市场。证券是多种经济权益凭证的统称，证券市场是所有证券发行和交易的场所。具体来说，主要包括绿色股票市场和绿色债券市场。

成熟与统一的债券市场可以为全社会的投资者和筹资者提供低风险的投融资工具。同时，债券的收益率曲线是社会经济中一切金融商品收益水平的基准，债券市场也是传导中央银行货币政策的重要载体。中国绿色债券市场机制，于2015年内启动。以人民银行绿色金融债公告（含《绿色债券支持项目目录（2015年版）》）为代表，一系列与绿色债券相关的激励政策陆续颁布。截止到2016年第一季度末，短短3个月时间，中国银行间市场绿色金融债发行额度近500亿元人民币，在同期全球160多亿美元的绿色债券总额中占比近半，成为全球最令人瞩目的市场之一。截至6月底，中资机构发行绿色债券约84亿美元，额度在同期全球市场上占比近1/3。

三、由试点到强制的保险市场。环境损害责任保险和自有场地治理责任保险是我国发展的方向。不久前我国的环境责任保险实行并不乐观。2007年，国家环保总局（现国家环保部）和中国保监会联合出台了《关于环境污染责任保险工作指导意见》[1]，推动了环境责任保险试点。试点省份为河北等12个省。试点企业和行业主要是危险化学品的生产、经营、储藏、

[1] 国家环境保护总局文件环发［2007］189号《关于环境污染责任保险工作指导意见》http://www.zhb.gov.cn/gkml/zj/wj/200910/t20091022_172498.htm.

运输和使用的相关企业，容易造成污染的石油化工业以及危险废弃物处置行业。但试点情况不乐观，参保企业数量少。在这种背景下，为了以强制性责任保险带动任意险，2013年之后开始尝试发展强制性环境责任保险。

实施强制性环境责任保险仍有很多问题。2013年1月21日，国家环保部和中国保监会联合发布了《关于开展环境污染强制责任保险试点工作的指导意见》[1]，明确规定了试点企业范围，包括涉重金属企业，按地方有关规定已被纳入投保范围的企业以及其他高环境风险企业，如石油天然气开采、石化、化工等行业，生产、储存、使用、经营和运输危险化学品的企业，产生、收集、贮存、运输、利用和处置危险废物的企业，以及存在较大环境风险的二恶英排放企业等。但从2013年至今的实施情况看，试点效果不理想，供需双方保险公司和企业参与积极性都不太高。原因包括：法律法规对污染者的环境污染损害赔偿责任规定不明确，缺少实施强制性环境责任保险的法律依据，指导意见不具备强制企业投保的法律效力。此外，由于缺乏强制性环境责任保险，保险公司无法聚集大量保单，难以有效测算事故发生概率，容易造成风险由污染企业转移到保险公司，因而保险公司不愿意承保，即使承保，也会严格限制承保范围。

新环保法带来新的机遇。2015年1月1日开始实施的新环保法，明确了“国家鼓励投保环境污染责任险”。但上述障碍依然有待破解。除了法律法规层面的加强，有效的信息基础设施、并实现充分共享，对于绿色保险至关重要。中国可以考虑研究仿照美国、芬兰模式建立专门的国家环境保险公司，或借

[1] 环发［2013］10号《关于开展环境污染强制责任保险试点工作的指导意见》http://www.zhb.gov.cn/gkml/hbb/bwj/201302/t20130221_248320.htm.

鉴意大利、法国经验，建立国家环境保险联合集团。

四、新试点的政府与社会资本合作（PPP）。2013年11月，中共十八届三中全会决定允许社会资本通过特许经营等方式参与城市基础设施投资和运营。中国政府促进PPP模式有两个主要背景：地方政府债务居高以及大量的基础设施资金需求。因此，PPP模式目前受到财政部门和社会资本的广泛关注。目前，中国已经试点的PPP模式环保产业基金是土壤修复产业基金。

五、尚未成型的中国碳市场。2010年以来，中国在北京、天津、上海、重庆、湖北、广东和深圳7省市开展碳排放权交易试点工作。7个试点启动碳排放权交易后，中国区域碳市场交易总量在2013年已经成为全球规模第二的碳市场，仅次于欧盟碳市场。国家发改委已经宣布了2017年建成全国性碳市场的目标，经过2017年—2020年的运行完善阶段，启动市场交易，摸索运行规律，完善市场制度，稳步发展市场。2020年后扩大覆盖范围，增加交易产品，探索国际链接。

长期来看，全国碳市场的发展目标是从分散式探索性的区域市场，在统一的注册登记平台、监测报告与核查规则、配额分配方法、履约规则、相关资质要求和监管下逐步发展建立一个强制性的全国统一市场。目前，中国碳市场还存在很多不足，包括市场流动性低、交易量小、碳交易价格走低、试点交易平台之间处于割裂状态、缺乏相关的法律保障、金融机构参与意愿不强、缺乏制定碳交易规则的主动权，等等。

三、我国绿色金融信息公开体系的主要渠道与发展

中国的节能减排相关信息公开与披露进程，在近几年内迈出一些关键的步伐。《环境信息公开办法》由国家环保总局颁布，于2008年5月1日起实施。目前，经济运行中涉及的节能减排相关信息，主要渠道与发展现状分别在下文一一展开论述。

1. 中国统计年鉴

根据《中华人民共和国统计法》及相关统计报表制度，农林牧渔业及工业企业均须向统计局报送统计报表范围内的信息。

全部农业生产经营户，各省、自治区、直辖市以及新疆生产建设兵团所属的各种经济组织类型、各个系统的全部农业生产单位和非农行业单位附属的农业生产活动单位。

除“规模以下工业主要产品产量”外，其他报表统计范围均为规模以上工业法人单位。规模以上工业法人单位是指年主营业务收入2000万元及以上的工业法人单位。统计内容包括主要工业产品产量、规模以上工业主要产品生产能力、工业企业财务状况及产销总值等。

企业的生产能力、产量、产销总值和财务状况，不是直接的节能减排数据和信息，但其用能状况与排放状况直接相关，与用能相关的财务数据属于环境会计信息，更是与其能源消费和管理直接相关，是计量或对照评估的重要信息参考。

但现有的统计报表制度，覆盖范围是农业和规模以上工业法人单位。散布在各地的规模以下工业法人单位，也往往是低水平节能治污和排放管理现象出现较多的部门，是节能降耗减

排管理成本较高的区间，同时因其规模有限，对金融体系和优惠政策依赖较低，受到的信息披露约束也低。

2. 政府职能数据监测与上代统一的数据平台建设

（1）环保部下设环境监测司。负责环境监测管理和环境质量、生态状况等环境信息发布，指导中国环境监测总站开展工作。环境质量监测、污染源监督性监测、环境应急和预警监测、对环境质量状况的调查评估和预测预警、环境统计和污染源普查都属于监测司的职责范围，该司还负责建立和实行环境质量公告制度。

按照《环境信息公开办法》的要求，环保部门应当在职责权限范围内向社会主动公开的政府环境信息包括：

● 环境保护法律、法规、规章、标准和其他规范性文件。

● 环境保护规划。

● 环境质量状况。

● 环境统计和环境调查信息。

● 突发环境事件的应急预案、预报、发生和处置等情况。

● 主要污染物排放总量指标分配及落实情况，排污许可证发放情况，城市环境综合整治定量考核结果。

● 大、中城市固体废物的种类、产生量、处置状况等信息。

● 建设项目环境影响评价文件受理情况，受理的环境影响评价文件的审批结果和建设项目竣工环境保护验收结果，其他环境保护行政许可的项目、依据、条件、程序和结果。

● 排污费征收的项目、依据、标准和程序，排污者应当缴纳的排污费数额、实际征收数额以及减免缓情况。

● 环保行政事业性收费的项目、依据、标准和程序。

● 经调查核实的公众对环境问题或者对企业污染环境的信访、投诉案件及其处理结果。

● 环境行政处罚、行政复议、行政诉讼和实施行政强制措施的情况。

● 污染物排放超过国家或者地方排放标准，或者污染物排放总量超过地方人民政府核定的排放总量控制指标的污染严重的企业名单。

● 发生重大、特大环境污染事故或者事件的企业名单，拒不执行已生效的环境行政处罚决定的企业名单。

● 环境保护创建审批结果。

● 环保部门的机构设置、工作职责及其联系方式等情况。

● 法律、法规、规章规定应当公开的其他环境信息。

目前，环保部环境监测和报告的内容主要包括：

类别	信息披露形式	内容
	地表水自动监测周报	全国主要水系 148 个断面水质自动监测，周报内容包括当周和上一周的水质类别，评价因子主要包括pH*、DO、CODMn、NH3-N，部分断面还包含主要污染指标。
	地表水水质月报	主要江河和重要湖库的水质情况，包括长江流域、黄河流域、珠江流域、松花江流域、海河流域、淮河流域、辽河流域、浙闽片河流、西北诸河、西南诸河、太湖、滇池、巢湖及重要水库等。
	近岸海域环境质量公报	内容包括全国近岸不同海域水质概况、全国近岸海域水质分析、部分重要海湾海洋生物及沉积物状况、入海河流水质和污染物入海状况、直排海污染源污染物排海状况、海洋渔业水域环境状况、海上重大污染事故、海洋环境保护。
	海水浴场水质周报	16个沿海城市27个海水浴场水质监测结果。

（续表）

类别	信息披露形式	内容
	长江三峡生态工程与环境监测公报	包括三峡水利枢纽运行状况、自然生态环境状况、污染源排污状况、水环境质量状况、人群健康状况、坝区环境质量状况、典型区生态环境监测研究。
大气环境质量	城市空气质量日报	包括AQI时时报和AQI日报。
	空气质量状况月报	全国和京津冀、长三角、珠三角区域及直辖市、省会城市计划单列市空气质量报告，共计74个城市。
	秸秆焚烧检测报告	中国气象局国家卫星气象中心实施的秸秆焚烧火点监测日报。
土壤环境	土地与农村环境年报	土地资源与耕地、水土流失情况以及措施与行动。
生态环境	自然生态环境年报	生态环境质量、生物多样性、受威胁物种、自然保护区、海洋国家级自然保护区、重要滨海湿地、外来入侵物种，以及相关的措施与行动。
辐射	辐射环境年报	环境电离辐射、电磁辐射以及相关的措施与行动。

（2）国控重点污染源自动监控系统。2010年环保部基于已建成的306个省、市污染源监控中心，通过数据传输联网构建而成，对6259家国控重点污染源实施自动监控。省、市污染源监控中心后来扩展至315个，每天接收大约391万条自动监控数据（包括小时数据和日数据）每月接收12175万条数据，一年接收约14.6亿条数据。其基本构造如下图所示：

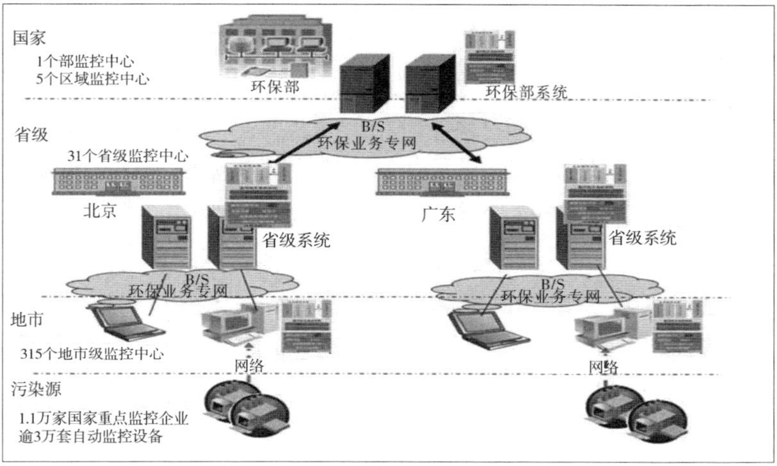

图片来源：环保部网站

2016年1月8日，环保部发布《关于定期公布主要污染物排放超标的国家重点监控企业名单的通知》。2016年5月20日，环保部首次基于在线数据，按季度对外公布了严重超标排放的国家重点监控企业名单，"每季度主要污染物排放自动监控有效日均数据"超标率都在80%以上，其中共涉及19省（区）的95家企业。这些企业中，不乏中石油、华电、中石化等央企下属企业。

2015年1月1日开始实施新环保法，该法第5章集中于信息公开与公众参与，明确国务院环境保护主管部门统一发布国家环境质量、重点污染源监测信息及其他重大环境信息。省级以上人民政府环境保护主管部门定期发布环境状况公报。县级以上人民政府环境保护主管部门和其他负有环境保护监督管理职责的部门，应当依法公开环境质量、环境监测、突发环境事件以及环境行政许可、行政处罚、排污费的征收和使用情况等信息。县级以上地方人民政府环境保护主管部门和其他负有环境保护监督管理职责的部门，应当将企业事业单位和其他生产经营者的环境违法信息记入社会诚信档案，及时向社会公布违法者名单。

（3）能源审计及万家企业节能目标责任考核

能源审计是指根据国家有关节能法规和标准，对能源使用的物理过程和财务过程进行检测、核查、分析和评价的活动。能源审计的结果，是企业或公共机构制定节能目标的重要依据。

2011年，发改委的千家企业节能低碳行动升级为万家企业节能低碳行动（《关于印发万家企业节能低碳行动实施方案的通知》发改环资〔2011〕2873号）。2012年，发改委环资司发布《关于印发万家企业节能目标责任考核实施方案的通知》，并基于节能目标完成情况进行了评价考核，在发改委网站上公布了考核结果。根据公示信息，2014年有2750家企业因重组、关停、搬迁、淘汰等原因未参加考核。参加考核企业中，“超额完成”等级占30.96%，“完成”等级占51.13%，“基本完成”等级占10.80%，“未完成”等级占7.11%。2011年—2014年，“十二五”万家企业节能量目标完成121.13%。

万家企业节能低碳行动，是在发改委千家企业节能低碳行动的基础上发展而来，覆盖全国主要行业内达到一定生产规模的企业，国家发展改革委公布的“万家企业”名单共包含16 078家。近年来随着上述工作的开展，全国范围内规模以上企业的用能状况，开始具备信息数据基础。但除了发改委公布节能目标责任考核结果之外，具体到每一家企业的能源审计报告和节能目标的详细情况，并未被要求主动公布。

政府监测数据出自多门，各有独立的数据源体系。除重点污染源监测、能源审计和节能目标完成情况考核是直接针对企业主体之外，政府的大量环境监测是针对特定区域范围，以抽取样本或总体统计的方式完成，主要用于对各地区行政部门的节能治污工作进行评估、确立目标。总体范围内的环境信息，对于评估特定企业的节能降耗治污减排情况，具有背景参照意义，但与市场或金融激励手段最直接相关的，是围绕特定企业主体的环境信息数据。这些信息数据能否形成可对照验证，并相互独立的数据源体系，对于未来绿色金融发展中对企业和项目进行评估及环境效益测算，至关重要。

政府信息正在呈现集中平台化和统一公示的趋向。2015年12月，发展改革委、证监会、人民银行、公安部、财政部等21部门联合发布《关于对违法失信上市公司相关责任主体实施联合惩戒的合作备忘录》，联合惩戒的范围包括：限制发行企业债券，限制在银行间市场发行债券，禁止参加政府采购活动，设立商业银行或者分行、代表处以及参股、收购商业银行审批参考，设立证券公司、基金管理公司、期货公司审批参考，设立保险公司审批参考，限制境内上市公司实行股权激励计划或者限制成为股权激励对象、外汇管理行政审批参考，限制补贴性资金支持，限制成为海关认证企业，加强日常监管检查，在国有独资公司董事、监事的任免及国有资本控股或者参股公司董事、监事的建议任免工作中予以参考，通过“信用中国”网站和企业信用信息公示系统向社会公布，通过主要新闻网站向社会公布，金融机构融资授信参考等，这是企业信用信息在更大程度上共享的明确政策信号。

3. 环境影响评价及其运作形式

《中华人民共和国环境影响评价法》从2003年9月1日开始实行。环境影响评价是指对规划和建设项目实施后可能造成的环境影响进行分析、预测和评估，提出预防或者减轻不良环境影响的对策和措施，进行跟踪监测的方法与制度。环境影响评价，是基于第三方技术服务、对规划和项目决策过程的重要辅助。为建设项目环境影响评价提供技术服务的机构的资质条件和管理办法，由国务院环境保护行政主管部门制定。要求如下：

建设项目的环境影响报告书应当包括的内容	专项规划的环境影响报告书应当包括的内容
● 建设项目概况。 ● 建设项目周围环境现状。 ● 建设项目对环境可能造成影响的分析、预测和评估。 ● 建设项目环境保护措施及其技术、经济论证。 ● 建设项目对环境影响的经济损益分析。 ● 对建设项目实施环境监测的建议。 ● 环境影响评价的结论。 涉及水土保持的建设项目，还必须有经水行政主管部门审查同意的水土保持方案。	● 实施该规划对环境可能造成影响的分析、预测和评估。 ● 预防或者减轻不良环境影响的对策和措施。 ● 环境影响评价的结论。

除国家规定需要保密的情形外，对环境可能造成重大影响、应当编制环境影响报告书的建设项目，应当在报批建设项目环境影响报告书前，举行论证会、听证会，或者采取其他形式，征求有关单位、专家和公众的意见，并应当在报送审查的环境影响报告书中附具对有关单位、专家和公众的意见采纳或者不采纳的说明。

对于环境影响评价，新环保法的要求基本延续了《环境影响评价法》的规定要求。值得注意的是，新环保法明确要求："除涉及国家秘密和商业秘密的事项外，应当全文公开；发现建设项目未充分征求公众意见的，应当责成建设单位征求公众意见。”因为保持了较强的开放性和参与性，环境影响评价已经成为企业或项目最重要的环境信息来源之一。

4. 企业自主披露与质量不同的数据呈现

企业的自主环境信息披露，主要包含以下三方面渠道：

（1）重点排污单位依法必须公开相关环境信息

对于企业的环境信息公开，新环保法要求如下：“重点排污单位应当如实向社会公开其主要污染物的名称、排放方式、排放浓度和总量、超标排放情况，以及防治污染设施的建设和运行情况，接受社会监督。”

2008年5月1日开始实施的《环境信息公开办法》，要求污染物排放超过国家或者地方排放标准，或者污染物排放总量超过地方人民政府核定的排放总量控制指标的污染严重企业必须公开以下信息：

- 企业名称、地址、法定代表人。
- 主要污染物的名称、排放方式、排放浓度和总量、超标、超总量情况。
- 企业环保设施的建设和运行情况。
- 环境污染事故应急预案。

企业不得以保守商业秘密为借口，拒绝公开前款所列的环境信息。

目前，环保部门有两套系统用来加强污染源监管：一套是源自污染源自动监控数据，这套系统的目前有相对完善的法规和标准，用来保障其数据的真实性和完整性，在此基础上，环保部门可用来进行污染物排放总量的核查和排污收费等工作；另一套是企业自行监测，其真实性、准确性、完整性由企业自己负责。目前，山东、河北等已经向公众公布了自动监控数据平台，公众看到的数据和环保部门看到的数据是一致的；而在其他省份，公众目前只能看到企业自行监测数据。

近期，环保部在信息披露的制度供给方面迈出新的进展。《企业事业单位环境信息公开办法》于2015年1月1日开始实施。该办法规定了重点排污单位的范围、公开信息的内容，以及公开的方式与渠道等。如下表所示：

重点排污单位名录的范围	公开信息的范围	公开方式与渠道
● 被设区的市级以上人民政府环境保护主管部门确定为重点监控企业的。 ● 具有试验、分析、检测等功能的化学、医药、生物类省级重点以上实验室、二级以上医院、污染物集中处置单位等污染物排放行为引起社会广泛关注的或者可能对环境敏感区造成较大影响的。 ● 三年内发生较大以上突发环境事件或者因环境污染问题造成重大社会影响的。 ● 其他有必要列入的情形。	● 基础信息，包括单位名称、组织机构代码、法定代表人、生产地址、联系方式，以及生产经营和管理服务的主要内容、产品及规模。 ● 排污信息，包括主要污染物及特征污染物的名称、排放方式、排放口数量和分布情况、排放浓度和总量、超标情况，以及执行的污染物排放标准、核定的排放总量。 ● 防治污染设施的建设和运行情况。 ● 建设项目环境影响评价及其他环境保护行政许可情况。 ● 突发环境事件应急预案。 ● 其他应当公开的环境信息。 列入国家重点监控企业名单的重点排污单位还应当公开其环境自行监测方案。	● 公告或者公开发行的信息专刊。 ● 广播、电视等新闻媒体。 ● 信息公开服务、监督热线电话。 ● 本单位的资料索取点、信息公开栏、信息亭、电子屏幕、电子触摸屏等场所或者设施。 ● 其他便于公众及时、准确获得信息的方式。

（2）企业社会责任报告

企业社会责任报告，是企业非财务报告的一种，起源于企业环境报告。在企业公民和企业社会责任迅速流行后，可持续发展报告得到了长足发展，并在2002 年全球报告倡议组织第二代报告指南问世后逐步占据非财务报告的主导。

2014年人民网与中国公益研究院联合发布的相关研究报告指出，中国发布社会责任报告的机构数量一直保持着年均20%以上的高速增长，但在履行社会责任方面仍然缺乏成熟的理念、科学的规划和有效的沟通。政府和协会是主要推动力量。自2006年起，证监会、沪深交易所等陆续发布社会责任相关指引。截至2012年，40%的沪市上市公司发布了社会责任报告，其中包括强制披露公司305家和自愿披露公司74家。2009年，商务部也颁布了《外资投资企业履行社会责任指导性意见》。2010年，工信部把推进企业履行社会责任正式列入其职能。2011年，国家标准委宣布制定社会责任国家标准。

据统计，2012年，我国共发布1705份社会责任报告，其中企业发布社会责任报告1496份，非企业机构发布社会责任报告209份，报告整体数量较上年增长70%，但质量差异进一步凸显。总体而言，国有企业履行社会责任及发布报告的状况比较好。从行业来看，电力、通信和能源等行业履行社会责任及发布报告的状况最优。

（3）证监会和交易所对于上市公司环境信息披露做出的要求

证监会在绿色股票市场的推动，集中体现在IPO审核中加大对环境相关信息的披露要求。2007年，中国证监会要求上市公司详细披露环境保护方面可能存在的风险，鼓励公司披露社会责任履行情况。如在《公开发行证券的公司信息披露内容与格式准则第2号》中，鼓励公司主动披露积极履行社会责任的工作情况，包括公司在防治污染、加强生态保护等方面所采取的措施；对属于国家环境保护部门规定的重污染行业的上市公司及其子公司，要求其应当按照相关规定披露报告期内重大环境问题及整改情况等环境信息。

2011年，中国证监会设置了环保方面的IPO审核要求：第一，招股说明书是否详细披露发行人生产经营与募集资金投资项目是否符合国家环保要求，最近3年的环保投资和相关费用成本支出情况，环保设施实际运行情况以及未来的环保支出情况；第二，保荐人和发行人律师是否对发行人的环保问题进行详细核查，包括是否符合国家环保要求，是否发生环保事故，发行人有关污染处理设施的运转是否正常有效，有关环保投入、环保设施及日常治污费用是否与处理公司生产经营所产生的污染相匹配等；第三，曾发生环保事故或因环保问题受到处罚的，除详细披露相关情况外，保荐人和发行人律师还需要对其是否构成重大违法行为出具意见。

在经营性法人主体中、受到环境信息披露要求最多的就是上市公司，但上市公司的环境信息披露依然有较大的提升空间。2015年1月，由北京化工大学低碳经济与管理研究中心制作、由中国环境新闻工作者协会发布的《中国上市公司环境责任信息披露评价报告》显示，我国上市企业环境信息披露总体水平偏低，尚处于起步阶段。报告显示：2013年沪深两市发布环境报告、社会责任报告、可持续发展报告的上市公司总数为665家，在总数中占比26%，比2012年增长了7.78%。国企与民企间、行业间环境信息披露质量水平差距较大，国有控股企业环境信息披露质量相对较高；第三产业环境信息披露整体水平略高于第一产业和第二产业。

基于这样的现实，中国在加强上市公司环境信息披露的相关约束、提升股票市场绿色导向方面，还有待于进一步完善政策。中国金融学会绿色金融专业委员会已经明确提议：将上市公司和发行债券公司披露环境信息等相关内容纳入《证券法》和《公司法》，强化环境信息披露的监管合作与执法，建立上市公司的环境绩效评估制度，以及绿色企业快速发行上市通道。除此之外，开发绿色证券指数有助于引导市场投资，发展绿色基金也有利于推进资金流向绿色领域。

5. ESG评算数据与有待精细的标准体系

服务于投资市场的ESG（环境、社会 、治理）评估、评级及相关信息/数据产品，从事这类业务的公司，包括MSCI的ESG研究板块、Google Finance、the Triple Bottom Line Group（TBLI集团）[1]、Vigeo Eiris、Oekom、Sustainalitics、Rep Risk等。这些公司的ESG相关产品，供给市场作为投资决策的辅助参考，是与环境治理、社会责任等主题相关的基金产品的重要支撑。

环境一般作为ESG评估或评级中的一类指标。ESG评估的意见，在投资市场上被作为传统信用的一种附加信用，公司问卷、搜索不同渠道的公开信息、利益相关方访谈等。可以依据的信息来源包括：企业社会责任报告、公司资助信息披露和公开新闻等。总体上，公司信息披露水平越高的地区，其ESG评估可供参照的数据源越多，产出的指数产品也就更加成熟。

低碳相关的行业指数是目前绿色金融发展所需的一类重要

[1] 1994年，英国学者约翰·埃尔金顿（John Elkington）最早提出了三重底线的概念，他认为就责任领域而言，企业社会责任可以分为经济责任、环境责任和社会责任。经济责任也就是传统的企业责任，主要体现为提高利润、纳税责任和对股东投资者的分红；环境责任就是环境保护；社会责任就是对于社会其他利益相关方的责任。企业在进行企业社会责任实践时必须履行上述三个领域的责任，这就是企业社会责任相关的“三重底线理论”。

产品，在债券市场和股票市场分别针对低碳相关的债券和上市公司制定相关的基准指数，从而帮助全球投资者跟踪了解相关的投资业务、重点上市公司及板块的表现情况，成为投资者决策的重要依据。对相关债券、股票进行筛选，需要依托精准有效的标准体系，而相关的低碳绩效信息，是标准不断完善的重要依据。

6. 我国的碳信息披露与稀缺的独立报告

碳信息披露将环境因素并入会计核算的范围，将传统财务会计的经济受托责任扩展到对环境责任的受托。2000年碳信息披露项目（Carbon Disclosure Project，以下简称CDP）创建，自2003年起发布公告。CDP试图形成公司应对气候变化，碳交易和碳风险方面的信息披露标准。CDP的信息框架主要涵盖企业管理者对与气候变化有关的风险和机会的认识、企业GHG排放的核算和减排状况，以及企业应对气候变化的治理措施。

目前我国企业发布碳信息披露独立报告的比例很低，没有相应的法律法规，企业的碳信息披露和碳资产意识普遍不高，碳信息披露内容差异大、方法不统一、文字性描述过多，缺乏统一的报告格式，缺乏相应的会计处理，信息的体系化程度低。

7. 民间组织的信息公开及其独立性尝试

典型的例子是中国NGO发展起来的信息公开产品——蔚蓝地图。由公众环境研究中心、阿拉善SEE公益机构、阿里巴巴公益基金会联合举办的“蔚蓝地图”APP应用，将实时空气质量查询扩展到380个城市，同时具备天气预报、重点城市空气质量预报、每日口罩提醒、户外和通风指数以及各地河流湖泊水质等多种信息。“蔚蓝地图”还能实时查询全国9000家企业废气、废水排放数据，并可通过互动平台进行“环保微举报”。

在政府不断提高环境信息公开的进程中，以蔚蓝地图为代表的民间成果，为直接针对企业主体的实时环境信息监督提供了工具，其主要信息来源是政府主动公开或经申请公开的环境信息，其重要意义是在企业自主披露之外，提供一个相对独立的信息参照体系。

8. 非常态的媒体报道

我国媒体并无常态的媒体披露机制，多数情况属于突发危机事件带来的媒体披露，如紫金矿业事件、渤海湾漏油事件等。此类信息的产生条件，多为特定经营主体涉及环境负面声誉事件，从而引发媒体报道，常常表现为曝光的形态。虽然其表现形态一般不以数据为主，但是是构成ESG研究和监测的重要信息来源。负面媒体报道一旦发生，对企业常常产生巨大的负面影响，带来包括财务损失、信用损失、声誉损失在内的巨大损失。

四、绿色金融信息公开体系建设亟待解决的问题

总的说来，在环境、资源、减排和应对气候变化的可持续性范畴内，还没有与会计准则衔接的清洁性定量核算准则规范。在绿色金融工具应用的过程中，金融机构和投资者都需要对项目的可持续性进行识别和判断。针对企业可持续性和清洁发展绩效的行业分析、商业咨询或尽职调查，都可能不同程度涉及企业或特定行业在环境绩效、环境成本、能源管理、减排措施及成效等方面的信息。

低碳咨询业务在国外商业银行发展较早，旨在为低碳交易提供关于技术、管理、融资和商业的尽职调查等方面提供专业业务，包括面向企业开展的清洁融资咨询、并购整合方案咨询等，这些业务同时协助促进清洁发展导向的信贷、基金和金融工具应用；还包括面向金融机构开展的风险评估与管理业务。基于充分的信息披露和数据基础，深入理解低碳产品的复杂性、周期特征和监管约束情况，对于识别交易风险、评估资产价值、制定交易策略都有重要意义。

从信用和风险管理的角度来说，国际和国内的评级机构，对不同行业进行跟踪研究，也覆盖清洁产业的主要门类，但在环境和减排效益、低碳发展绩效及管理水平、清洁发展模式带来的竞争力和抗风险能力方面，还较难实现精准识别，在一定程度上也是受限于相关信息和数据核算体系的薄弱。

在这一议题上，现状与需求之间存在较大缺口。

第一，供给不足，特别是企业自主披露的完整性和真实性都有待提高。目前，除环保部对重点污染源开展实时监测、证券交易市场对上市公司有环境信息披露的明确要求、发改委对规模以上工业企业的能源管理有目标责任考核，一般企业自主披露清洁发展相关信息的动力明显不足。对企业清洁发展的激励机制和能力建设辅助机制还有待加强，强制性的制度供给和有效激励都有待加强，唯此才可激发企业的积极性、促进良性的清洁发展经济环境。在转型升级的重要阶段，以及应对经济下行的压力下，这一命题尤其具有现实意义。

2015年1月，由北京化工大学低碳经济与管理研究中心制作、由中国环境新闻工作者协会发布的《中国上市公司环境责任信息披露评价报告》认为：虽然新的环保法已经明确要求重点排污单位向社会公布其污染相关信息，以及防止污染的设施建设运行情况，但只有极少数公司公开披露关于废水或废气排放不达标的负面信息。40%左右的上市公司环境信息披露部分只是简单陈述，甚至一笔带过，缺乏足够的数据支撑。

第二，原有的管理体系分割，造成数据和信息体系相互分割。从上述信息源的分类分析不难看出：清洁发展相关的行政职能，分布在不同部门，各部门各自开展监测、制定要求或实施考核，形成的信息各有侧重，主体不同、体例不一、公开的形式和程度也各有差异。具体来说，污染防治相关的行政职能主要在环保部门，能源及能效管理归口在发改委，工业与信息化部是新能源车等新兴清洁产业的主管部门，与温室气体排放及应对气候变化相关的职能属于发改委，生物多样性及生态保护的相关行政职能隶属于国家林业局，同时国资委对国有资产的管理主体也具备管理权限。

相互分割的信息和数据体系，使具体项目或企业的清洁发展绩效衡量，目前大多围绕一个或几个维度，囿于自主披露的动力不足、外部信息体系的割裂，较难全面覆盖能源、污染防治、资源循环与节约、温室气体减排、化石能源替代和应对气候变化等综合视角。正因为如此，过去几年中国内普遍认为太阳能光伏是典型绿色行业，但中国在全球产业链中主要集中在硅晶材料生产制造环节，产品大量出口，实际结果是清洁能源的正面环境效益随着出口被输出到了国外，国内却由于一些低端生产制造而付出负面环境代价。这一个案是清洁发展问题复杂性的生动写照。低碳经济转型，需要一个更全面、完整、可以相互对照验证的公共信息体系，大数据意义上的环境信息体系化，更有待于各门类信息的开放和互通。

第三，清洁产业日新月异，对数据和信息体系提出开放性和更新扩展能力的挑战。新技术和产业革命的更新速度不断加快、科技与金融的深度融合，极大地推升了从实验和专利阶段到产业阶段的进化速度，产业之间的横向整合也在不断加速，传统产业在更多层面面临清洁趋向的变革和升级，如滴滴和Uber为代表的车辆共享平台，如能源互联网对售电、分布式能源产业整合方向的影响，不但在短时间内就带来较大的行业变化，而且带来的新的清洁效益——系统效率提升，这方面绩效的核算，更是环境信息体系的新命题。

综合上述原因，绿色金融顺利发展所需的一体化的信息标准建设，面临巨大的挑战，但也正逢低碳经济转型动力加大的空前机遇。

PART THREE

第三章

采访手记

环境新闻采访技巧之穷尽利益相关方的信源原则

——圆明园报道采访手记

刘鉴强

刘鉴强，原中外对话北京办公室主编，原《南方周末》记者，加州大学伯克利分校访问学者。作为调查记者，他的一系列重大环境事件报道曾影响了国家决策；2012年，他的《最后的漂流》获年度最佳户外图书奖。2011年，他获SEE-TNC环保大奖。2008年，他获亚洲出版协会“卓越环境报道奖”。2005年，他获“中国环境好新闻”一等奖。刘鉴强代表“中外对话”，于2010年创办了“中国最佳环境报道奖”，6年来已奖励100多位中国优秀环境记者。

《圆明园埋下了什么？》是中国环境运动史上最有影响力的报道之一。它发表于2005年3月31日第一版的《南方周末》。时任环保总局副局长潘岳阅读此报道后，在报纸纸上指示："圆明园立即停工。"并在此后召开圆明园听证会，促使各种利益团体和公众公开讨论一项重大工程，如清华大学李楯所言，最终令圆明园事件成为"中国环境史乃至法制史上的里程碑"。

政府官员能凭一篇报道做出决策，源于《圆明园埋下了什么？》提供了确凿的证据和清楚的脉络。那么，这篇起到重大影响的调查性报道，是如何是一天时间内做出的？以下是作者刘鉴强的手记。

一、报道背景

2005年3月，一位专家发现圆明园在往湖底铺膜。他认为这会伤害圆明园的生态系统。3月28日，人民日报记者赵永新在人民网做出第一篇报道，立即引发社会关注。

3月28日，周一晚，也就是人民网报道圆明园事件的当天，《南方周末》头版编辑杨瑞春来电，要我立即跟进圆明园事件。当时没有人清楚这件事的意义，她也只是说，试一试，看到底是怎么回事。如果是小事，就做小稿。如果有料，就做成头版。但时间很紧，我们周三晚上印刷，稿件必须在周三中午前交。根据惯例，《南方周末》的头版，不可能在一天半的时间内完成——如果是一个完全陌生的题材，而且可能是一个调查性报道，尤其不可能。她与我商量完，就去准备她原来想做的头版题目。圆明园只是一个临时跳出的突发性事件。

二、面临难题

我当时面临如下难题：

一是时间紧迫，只有一天半的时间。不敢说《南方周末》的历史，但就我个人而言，用36小时做出《南方周末》的头版报道，从未有过。我们的头版操作周期，一般是7至14天。用三四个星期来准备头版报道，也不少见。

二是我对此事件完全陌生。一般做新闻之前，记者编辑会有一个大体的判断，预测事件的性质与内幕之所在，有个方向。比如我做哈尔滨宝马案，虽然一开始也是一头雾水，但知道方向是什么：找出整个事件中，有没有司法腐败。但面对圆明园事件，我们不知如何下手。

三是我面对的是调查性报道，而不是一般的突发新闻。如果是突发性事件，在一两天的时间内，做出对事件的概括、描述，把消息传播出来，就可以了。这是日报的强项。但我意识到，圆明园并非这样的突发性事件，它没有伤人，没有爆炸，没有逃亡，没有矛盾冲突，如重庆井喷、洛阳大火、哈尔滨宝马案等。实际上，在圆明园里，从场面上看甚至非常平静。事件的核心是表象背后的真相。

我是调查记者，面对这样的局面并不陌生，但要命的是，我只有36小时。

三、调查过程

1. 找到第一根牛绳子：报道此事的第一个记者

记者都知道，遇到这样的事件，先要找第一个报道此事的同行记者。这是要找到“事件真相”这头牛的第一根绳子。那天晚上，我打电话给人民日报，找到作者赵永新。他提供了第一个发现圆明园铺膜的学者张正春这一线索，并给了电话号码。

2. 预先设计报道

因为时间紧迫，我开始设想应如何报道。第一个可能是，在一天半的时间内，我可能根本挖不到什么比人民网更多的内容，即便有一点新东西，《南方周末》也不值得花版面。如果这样，我如何完成这个任务？我忽发奇想，将张正春抓住，让他明天早上陪我去圆明园，一边走，一边看，一边指点，让他告诉我，圆明园到底出了什么问题。自己不了解内情，但可以抓住了解内情的人。而且，在我的写作中，也可以采取这样的结构。张正春是我的第一根救命稻草。

3. 线索中断

但是，这一根救命稻草没抓住。张正春正在回兰州的火车上，而且，手机信号一会儿就断了，再也找不到。幸好，我跟他要到了北大生态学者俞孔坚的电话。

4. 再找绳子，画地图

张正春这个线索断了，刚露出的线头，又沉了下去。我需要找到与圆明园有关的专家，听听他们的意见，让他们为我画出一个该事件大体的轮廓。因为至此为止，我所了解的，仍未超出人民网的范围。

5. 找学者

我找到北京大学城市景观学院院长俞孔坚。他说，圆明园的做法，与国际通行做法背道而驰，德国、日本，甚至美国最缺水的洛杉矶，为了保护生态，已经将原本被衬砌的河道恢复自然。他说："圆明园这样做，将毁掉这个遗址。"

但这样的说法也不新鲜。这只是背景信息，最多在报道中引用两句话。

我再追问，他说，圆明园遗址可以成为一个独特的人文与自然景观，而且是不可再生、无法模仿的。更为独特的是，它丰富的自然地形形成的生物景观的多样性，恰恰与遗址结合在一起，这在世界范围内独一无二。在17、18世纪的英国造园中，本没有遗址，是在发现古罗马的遗址那么富有震撼力后，他们才去造遗址景观。而我们拥有的是真正的遗址。圆明园遗址经历了100多年，在这期间跟植物、水系、地形等自然生态早已融为一个整体，这样的遗址就不仅是一个建筑遗址，它的含义扩大到了生态与文化的双重意义。

这样的信息就有些意思了，它将圆明园事件的意义往深处延伸。这令我看到了圆明园事件中比湖底更深的东西。

但这仍不是主要新闻事实。

6. 找环境NGO

我找到自然之友会长梁从诫的电话。他在此之前也跟圆明园有过接触。他认为，现在圆明园铺膜放水，是圆明园前几年就开始的"重整山形水系"工程的一部分。他的话很有力量："搞山形水系，并非要恢复圆明园的原状，因为那是不可能的，历史条件已经改变了。而他们的意图，是要将圆明园当作摇钱树，借此搞工程，种些花花草草，弄些水面，搞游船，招徕游人。"

他又一次为我拓展了圆明园事件的意义。但是，仍然是评论，没有证据。

但对我来说，这也很重要。因为他们的评论，等于是一个个线索，让我开始拼凑“圆明园事件”这张地图。有了这张地图，我才可以有个方向，去证实或证伪。

这一夜过去了。

7. 采访时间分配

周二早上，我把这唯一可以采访的白天进行了时间分配，因为周三上午，我必须待在家里写稿。

显然，我应该去圆明园现场，如果是一般的采访，这是必须的、第一的。但今天我没有时间。我的地图还没有画完，如果在现场耽搁太多时间，就没有时间再采访各方人等。我应该将早上的时间用在电话旁，在早上这个最好的时间，找到各种人。然后，我再在将近中午的时候去圆明园。

8. 找环保活动者

我找到空军指挥学院的李小溪，她曾是海淀区的人大代表。她透露，2003年6月她与圆明园管理处接触，劝他们不要在搞山形水系工程中砍掉原有树木而种外来花草。一位圆明园负责人与她争辩后急了，说：“我们总得把上头给的钱花完吧？”

这是极有力的证据。这间接说明了圆明园管理处到底想做什么。

9. 找行政管理部门

我打电话找到国家环保总局、北京市环保局、国家文物局，前两个单位没能提供什么，国家文物局对圆明园极为不满，但也没提供有力的信息。这个时候，我离开家，去圆明园了。我没有时间了。

10. 找专家

我打电话给野生动物摄影家奚志农，请他陪我去圆明园。原因在于：一、他是专家；二、他可以帮我拍摄照片以供报纸刊登。

11. 找直接利益相关者

我带上手机耳机，一边走路，一边打电话采访，并记录。我曾从网上查到为圆明园铺膜设计的是一家公司，我找到这家公司，找了好久，才找到其负责人。显然这位负责人是支持圆明园的，这也是我找她的目的。我要让各方都说话。她讲了她的观点。并且，在我的要求下，她告诉我一位清华的教授支持圆明园一方，这位教授也在圆明园有设计项目。这是另一利益相关者、学者。

好极了！只有势均力敌的争论，才能让人看出真相之所在。我在电话中找到那位清华教授，听了她的观点。这两个支持圆明园的声音，后来都出现在稿件中。

这个时候，我设计了一个小小的计策。归根结底，核心事实在圆明园管理处。但我的经验告诉我，他们会拒绝我的采访。我如何才能突破？

我要从这位清华教授开始。后来，我做到了。

12. 核心信源、重要利益相关者出现

我站在圆明园大门外，一边等奚志农赶到，一边坐在花坛边，拼命打电话。清华的这位教授是《南方周末》的私人订户，她信任我。她陈述了支持圆明园的理由。我表现得不偏不倚。这本来就是记者的态度。我请她推荐，我应该找圆明园管理处的哪位。她推荐了一位朱副主任，并给了我手机号码。

棒极了！我成功了一半。这时，奚志农赶到，我们一边往里走，一边看工程现场，我同时打电话联系朱副主任。我说是清华那位教授推荐我找她的。

这种时候，没有当事人愿意接受媒体的采访。站在他们那一边的教授推荐，显然是另一回事。但她当时没有时间接受我采访，而且，也并不很情愿。

13. 继续找国家行政管理部门

我一边往里走，一边看现场，一边继续找北京水务局的人。在此之前的采访中，我知道，北京此前也发生过京密引水渠是否用水泥铺底的争论。后来北京水务局局长也承认，那个工程是失败的。那么，既然已有前车之鉴，为什么现在还要搞这样的事情？

后来我把这一点也写进报道中。这会令报道更有历史纵深感，有时间的坐标，读者才好给圆明园事件一个恰当的定位。

14. 其他利益相关者出现

我与现场的工人交谈，有工人告诉我，承包圆明园工程的，就有北京市水务局！

这只是一面之词，我找到了北京市水务局，婉转地就此事求证。他们没有否认。现在，一个很重大的利益相关者出现了。在随后对圆明园的采访中，我得知，这个工程也是经过北京市水务局批准的。

这时已是下午，我的早饭、午饭都没吃。我打电话告诉杨瑞春：我确信，这个故事，可以做头版了！

我坚信，下午对圆明园管理处的采访，我可以挖出更多东西。

15. 接近核心信息源

现场还没看完，我需要再转，但又怕圆明园管理处的人下班，因此，我再次与这位朱副主任通电话。我要先稳住她。当然，我必须先用理解的、中立的口气来取得她的信任。实际上，我的心里也是这样想的。我在内心中，并没有预设判断。

从她这里，我想搞清楚的是以下核心事实：这个工程的投资额是多少？决策过程是怎样的？有没有经过国家文物局的批准？有没有经过环境影响评价？

这才是我整个采访的核心。前面的所有采访，都是外围游走，画出地图，用粉笔在核心事实旁边画了个圈，现在，我要在这个圈里，用铁锹深挖了。

她毫无警惕，反而在电话中被我勾起了表达欲望，侃侃而谈，把我想知道的全倒了出来：这是一个过亿的大工程；没有经过环境影响评价；决策是海淀区政府做出的；得到了北京市水务局的支持。

很庆幸，我的手机是新的，电池电量充足。当谈得差不多了，我说我现在就过去，见一面。这时，已是傍晚。

事实证明，我先打电话谈是正确的，因为当她一见我面时，就开始吞吞吐吐。她的同事看见她在办公室接受记者采访，可能这也对她产生了压力。

在电话中，她说这个工程得到了国家文物局的批准。我请她把文件拿给我看。结果，那份文件所批准的内容，与这个工程牛头不对马嘴。这又是一个很好的证据。

她有一份工程规划书，但不让复印。她有事暂时离开，留我一个人在她办公室。我立即有了思想斗争，琢磨是否该把这份东西偷出来。但我的新闻伦理否决了这种不光彩的想法。就是光明正大，我们也可以揭出真相。

之后，这位负责人拒绝一切媒体采访。

至此，我的采访基本完成。当天夜里和凌晨，我将5000多字的稿件写出。编辑张捷来短信鼓励：快，又好！

一天多的采访，完成一个头版调查性报道，这创了我自己的纪录。

3月31日，星期四，《圆明园埋下了什么？》登上《南方周末》头版。当天早上，奚志农与国家环保总局副局长潘岳开同一个会议。奚志农将报纸拿给潘岳，潘岳埋头20分钟看完报道，在报纸上批示："圆明园立即停工。"

四、总结：穷尽利益相关方信源，深入价值判断

本篇报道，突破核心信息源当然重要，但作为调查性记者，这一点是家常便饭，没什么了不得的。本报道最重要的方面有两个：

第一，在很短时间内穷尽信息源。采访圆明园事件只有一个白天的时间，这一天里，我采访了几十位与圆明园事件有关的人，几乎所有的信息来源，都接触到了：发现圆明园事件的人、第一个报道圆明园事件的记者、国家环保总局、北京市环保局、北京市水务局、工程施工单位、给施工单位供货的单位、工程设计单位、清华大学、与圆明园负责人有过交涉的海淀区人大代表、众多学者、数个NGO还有工人。而且，我不是在办公室打电话，而是边在圆明园实地采访，边打电话。那么急促的时间，我看到了现场，采访了现场，而且，我还运用曲线方式，最终面见了最核心的信息源——圆明园负责人，并从那儿独家得到核心信息：工程决策过程、违法事实、工程的来龙去脉、工程数额等。

在十几个小时里，我采访数十个信息源，得到如下信息：

有关此事的决策过程、工程内情（如投资额）、圆明园承认违反相关法规、围绕圆明园的价值观之争以及有关政府部门的不当行为，其中很多是独家内容。

第二，短时间内深入对新闻价值的判断。在十几个小时内，想完成的并不是一个事件性报道，而是一个与《南方周末》相符的深度调查报道。除了表面事实，要做深度报道，我必须完成如下追问：圆明园方面为什么说缺水？有没有其他解决办法？需水是重整山形水系的必然后果，那么，对重整山形水系，有什么样的争议？

这个问题又深入到圆明园的核心问题：圆明园是什么？是文物遗址？是爱国主义教育基地？还是游乐公园？如果是爱国主义基地，是文物，为什么一定要注水？要注水，是为了生态，还是为了划船赚钱？

还有，要运用坐标的竖轴，看此事件在历史上的位置：北京市有没有类似的事件？当时有过什么样的争议？结果如何？如果以前证明这样做是错的，为什么现在重蹈覆辙？

我还要搞清另一个问题：为什么圆明园管理处的人，不经过公众知情，就可以对一个如此敏感、如此重要的地方大动手术？他们做这个工程，有没有经过环保部门的环境影响评价？有没有经过文物部门的批准？他们的决策是怎样做出的？谁在做这个工程？谁从工程中受益？这涉及公众关心的政府决策程序问题。

至此，十几个小时的工作时间内，除了穷尽信息源，在价值判断方面，我也穷尽了我的智慧。

西部环保中的自媒体

施怀基

曾在《云南法制报》《法制日报》从业。多年来长期关注云南各地的环保，亲自采访报道了许多环保案例。近年隐居于大理，通过个人微博、公众号等自媒体方式，曝光了大理苍山西坡采石场破坏苍山保护区事件、大理洱海牛奶海事件、剑川硫酸厂事件、大理双廊污水搜集处理工程变引污入洱工程事件、大理马耳山风电毁灭野生古杜鹃事件等一系列环保事件。曾因长期利用自媒体从事环境新闻报道，接受广东卫视、中华环境杂志等媒体的采访。曾获“腾讯微博影响力排行榜”大奖。

“这是一个最坏的时代，也是一个最好的时代！”

我借用这句流传已久的名言，来陈述自媒体环境报道在这个时代的处境。尤其是在我国西部落后的民族地区，自媒体的环境报道比起其他地方更艰难，但也充满机遇。我曾长期在云南从事媒体工作，多次参与环境报道；最近几年，又以自媒体的形式，在云南做了多个有一定影响、产生一定积极效果的环境新闻案例。

就我个人的了解和经验，过去这些年，我国西部民族地区在发展经济与环境保护之间的矛盾比较尖锐，但因为西部地区无论是经济、文化、交通，还是群众的法律知识水平、维权意识都不高，在经济利益的催动之下，对环境保护的主观意识不强，或者不知道如何去保护环境。此外，传统媒体式微，加上这几年舆论环境发生比较大的变化，地方传统媒体主动做的环境监督报道越来越少，反而是新兴网络媒体，也就是自媒体，通过论坛、博客、微博、公众号等，以图文并茂的方式进行报道，并引起传统媒体和环保职能部门跟进的情况越来越多。

本文试图以我本人的一些经验，来阐述自媒体在西部民族地区进行环境报道（本文中“环境报道”主要指环境监督报道）的意义，以及需要注意的一些风险。

一、生存环境：污染产业西迁导致民族区域环保任务严峻

西部地区由于受到交通、地理、文化、历史等原因的影响，过去这几十年，较东部沿海地区来说，经济发展要落后很多。尤其是少数民族地区，地方经济落后，群众生活贫困的情

况更是明显。

在这种情况下，这些地区和人民，都迫切需要尽快发展经济，加上地方政府的GDP政绩观，常常会引进一些在其他地方已经淘汰或者不允许生产的产能落后、污染严重的项目。而水电、风电等一些改变或者影响、破坏自然环境的重大项目也纷纷进入，以及一些半官方的或者私人的小企业、小厂矿等无序生产，都在破坏着当地的自然环境。

例如，有的地方为了GDP，会引进高污染、高风险的化工企业，而且尽可能满足投资方的选址要求，导致选址不规范，对周边环境产生巨大的破坏和威胁。

云南大理白族自治州剑川县，曾在2012年通过招商引资，引进一个占地88103.57平方米、年产20万吨的硫酸厂生产项目。像硫酸厂这样高能耗、高污染、高风险的项目，选址要求要远离水源地、远离城镇和村庄，远离自然风景区等。但实际上，因为地方迫切需要发展经济，地方政府过分迁就投资方，将厂址选在距离县城、村镇、水源地和旅游风景区都非常近的地方，原因是便于企业运输。这个厂址距离最近的村庄不到1000米，周边还有剑湖、黑惠江、石宝山风景区、沙溪古镇风景区、剑川古城等许多自然景区。一旦投产无疑会对周边环境产生重大的压力和安全隐患。在GDP催动之下，地方政府不计环保代价，对企业进行最大照顾，发展经济与环境保护之间的矛盾十分突出。

水电和风电，也是对环境有重大影响的项目。水电和风电因为投资巨大，短期对GDP的带动比较大，因此深受地方政府欢迎，并被地方政府积极推动。

近年来，这些能源项目不断在西部地区攻城略地，几乎只要有河流的地方，就有一道又一道的大坝；几乎只要海拔高的山头上，就有一个又一个的风车。但是，无论是水电或者风电的投资方，出于成本的考虑，对环境保护并不会很重视。甚至，很多水电、风电项目，都是先建后批，甚至到快建成了，环评手续还没办下来。几年前，国家环保部就曾通过媒体曝光，并叫停过在大理和丽江交界的金沙江上一个未批先建的大型水电站，直到手续齐全后才允许复工。而在施工过程中，大量毁坏自然植被、毁坏自然地质结构的情况依然非常严重，如在风电施工过程中，施工方为了运输风车修建的公路随意性很大，甚至大量破坏原始森林，而这些破坏是永久性的、无法恢复的。

此外，在经济利益的刺激下，一些企业和个人无视环保规定，开办合法的或者非法的厂矿私挖滥采污染水源，毁坏天然林木栽种经济林木等现象也比较突出。

这些破坏或者威胁生态环境的行为，虽然可以说是对环境保护的不重视，但更重要的是源于经济。发展经济与保护环境之间的矛盾，由于种种原因，在西部地区短期内很难得到解决。

而在西部地区，尤其是少数民族地区，由于过去受到经济、交通、教育等客观条件的限制，与东部发达地区相比，普遍法律文化知识比较低，环保意识淡薄，因而，在面临生态环境破坏的时候，多数只能默默接受，而不会通过媒体曝光、向环保部门举报、信访等方式，阻止对生态的破坏。还有一部分，因为知识层面的欠缺，甚至也不会去思考周边生态环境被破坏的后果。

在有大项目，如水电、风电或者化工厂等项目进入的时候，许多群众首先考虑到的并不是会不会对生态产生破坏，而是能获得多少补偿。一方面，多数群众本身的认知难以考虑到生态环保这一层面的问题；另一方面，群众认为这些项目是政府引进来的，小小百姓难以阻止。

此外，这些地区多数群众受限于文化知识水平，有许多少数民族群众甚至连汉话都不会说，即便因为生态遭到破坏后发生自然灾害，他们也极少会去追究灾害产生的原因，也极少会向职能部门进行举报，更不会通过司法途径维护权益，这客观上也纵容了个别地方政府和企业在生态环境面前的肆无忌惮。所以，在过去的几年里，环保方面出现的问题比较普遍和严重。

二、技术条件：新兴自媒体在西部环保中的兴起

在互联网的冲击之下，以前作为舆论监督最主要力量的传统媒体日渐式微。尤其是纸媒，从2015年以来，全国已经有多家纸媒停刊。在笔者所在的云南，当年在几家都市报里，以舆论监督出名的《生活新报》已于2015年停刊；另一份南都入主的《云南信息报》，也已经开始裁员。

80后、90后这些伴随着互联网成长的年轻人，开始学会应用社交媒体，如论坛BBS、博客、微博、微信等，随时随地晒一些当地的信息，当然也包括环保方面的信息。

这一类的环保信息，多数是无意识的、碎片化的。大部分网友发布的这些信息，或者只是出于随手记录实景，或者心中存疑；极少数网友，虽然已经考虑到生态环境被破坏的问题，但可能因为缺乏经验，缺乏相应的法律知识，他们所发的内容

最多只是普通的“爆料”。

在两三年前，这一类有新闻价值的“爆料”，很快就会被传统媒体跟进；但现在，传统媒体越来越少，地方的传统媒体又多数沉默，省外和央媒又会从新闻价值考虑，不会常常介入调查。所以，在这个时候，有一定新闻从业经验和一定法律知识素养的网络自媒体，如微信公众号、头条号等可以借势而起，通过相对专业的调查和报道，促成一些环保问题的解决，同时，也扩大自己平台的影响。

尤其是在2014年新《环保法》颁布，以及习近平主席多次对环境保护方面做出重要指示后，自媒体人可以依据《环保法》和习近平主席的指示这个尚方宝剑，在环境报道方面做更多的事情。习近平主席考察云南期间，也多次强调环境保护，这也给云南的自媒体人参与环境报道提供了保护和支持，可以借此契机，多做一些有影响的环境报道。

三、西部环保中自媒体的生存法则

（一）自媒体人对自身的定位

我们说的自媒体，是相对于传统媒体而言。

传统媒体是持有合法证照的媒体机构，传统媒体的记者有合法的采访和报道的权利。而自媒体，绝大多数属于个人行为，没有总署发的记者证，没有机构作为后盾。自媒体从事环境报道，特别是环境监督报道，比传统媒体要困难得多。所以，自媒体人在从事环境报道的时候，首先要对自身有准确的定位。

自媒体人始终要明白自己的身份，是一个公民，或者是一个网友。在此基础上，可以顺便介绍是某某某公众号小编。无论是在面对群众，或者面对污染企业，或者面对政府官员，都只能以此身份，除非你有合法的记者证。要明白一点："公民，或者说网友，都有知情权和监督权！"

你公开以公民的身份，或者网友身份去了解，去询问，对方可能不理你，或者敷衍你，但这也是一种态度，也是接受你采访的一种方式。当你有足够的现场证据、法律依据、群众证言甚至专家观点的时候，企业或者官方接不接受你的采访，都已经不是特别重要了。

此外，自媒体人不像传统媒体记者，有一个机构为他提供物质、人身、法律方面的保障。自媒体从事环境新闻报道，更多是出于热心，去关注、去披露一些环保事件。

自媒体去做环境新闻不是必须履行的义务。所以自媒体去做环保新闻之前，首先要评估自己需要付出的物质、时间、人身安全等成本，看值不值得做，因为没有人会为自媒体人去监督环境事件买单。同时，作为自媒体，因为每一个自媒体人的能力、影响力、传播力的不一样，并不是所有的环保问题都能去监督，坚决不能去碰那些自己的力量监督不了的事情。

关注、曝光环保问题是义务，但不是法定的责任。如果承担不了调查和监督的成本，以及未知的后果，那么，可以选择将线索提交给媒体、有关部门，而不是选择自己亲自去做。

以自己的力量，能做什么？能做到什么程度？不能做什么？鸡蛋碰石头的事情，绝不能做，但可以选择找一块更大的石头去碰，或者选一个更好的时间去碰。所以，自媒体人在做环境新闻的时候，认清自己，对自身有个准确的定位很重要。

（二）自媒体与政府职能部门的关系

在环境新闻的调查取证过程中，常规媒体也好，自媒体通常会犯非黑即白的错误，即认为政府职能部门都是坏的，政府职能部门里的人也都是坏的，他们都是跟污染企业勾结在一起的，是不共戴天的敌人！

这是错误的。在多数的环保事件中，传统媒体、自媒体在发现有环境问题之后，都是通过情况反映、公开曝光等方式，最终达成解决问题这样的目的。

解决问题最终还是要依靠政府的职能部门。与职能部门客观、平等、真诚地交流，阐述破坏环境可能带来的后果，用自己的观点去说服他们，用自己的思想去影响他们。

（三）自媒体要与传统媒体、草根网民等建立良好的联系

自媒体、传统媒体做环保新闻，最终目的就是通过引起社会的广泛关注，解决环保问题。

过去有传统媒体记者对于一些题材会私藏，希望做独家，但是自媒体没有这个必要。

作为自媒体，如果没有媒体的支持，没有草根网友的支持，没有当地群众的支持，那么自己所关注的环境问题永远难以得到更多的关注，也很难得到有效的解决。

自媒体在得到有关环境问题的线索之后，可以进行初步的核实调查，并积极将调查的简要情况提供给各媒体，提供给官方。同时，也公开在自己的网络平台将更详细的内容进行曝光，吸引网友参与讨论，造成舆论氛围，以此引起官方和传统媒体的重视。

2014年，我曾经关注过云南大理剑川建硫酸厂的事件。这个事件中，就是通过与网友一起协作曝光，带网友与地方政府

官员面对面交流，获取更多信息，然后又通过NGO的朋友穷追猛打进行实名举报，传统媒体的朋友则不时跟进报道，更多网友在外围互动形成影响，最终成功地将剑川硫酸厂生产推迟到了现在。

（四）自媒体需要掌握的一些技巧与注意事项

自媒体不同于传统媒体记者，自媒体背后没有组织和机构支持，没有物质支持，所以，做环境新闻就会难度更大，风险更大。另外，自媒体人一般都长期在当地生活，不像传统媒体记者，采访完了就走了。自媒体人如果方法失当，或者证据不足，在跟地方长期结怨之后，很容易给地方创造报复的借口。所以，一些基本的技能必须掌握：

第一，要熟练使用最基本的采访手段，如采访录音、摄像、笔录、偷拍、暗访等，以此掌握足够充分的证据。多数自媒体人没有传统媒体的从业经验，很容易取证不足，在最终形成的环境报道中造成硬伤，给自己带来不利。

第二，要与当地群众密切联系，群众会给你提供很多有用的信息，以及交通等方便，甚至在紧要关头，可能会保护你。

第三，要选择最好的曝光方式，如网络曝光、媒体曝光，或者是通过人大代表、政协委员等的提案曝光。在实践中，我曾经自己调查采访一个血铅事件，拿到一手材料之后，做了采访方案，然后请中央电视台的朋友去报道；也曾经在网络曝光之后，再向该县主要领导发短信请求重视，以及请政协委员在正在召开的地方政协会上提交提案，最终引起了主要领导的重视，促成了环境问题的解决。

第四，最佳新闻时机的把握，一些环保问题，在特定的时间曝光，可能会达到事半功倍的效果。例如，云南大理双廊污水收集处理工程变“引污入洱”工程一事，我关注了两年，但最终选择在习近平主席视察大理，并在洱海边做出“一定要保护好洱海”的重要指示之后，我才进行曝光。随后多位官员被问责或被追究刑事责任，政府投入数十个亿在洱海周边建排污管道和污水处理工程。如果这个事情我提前半年曝光，就不可能有这样的效果。

第五，在做环境新闻的时候，一定要谨慎交往，谨慎面对每一个突然出现的热心人和陌生人，哪怕是好久不见的熟人；避免一些酒局、饭局，还有其他不良嗜好，以免落入陷阱。一旦落入对方的圈套，你就百口莫辩了。

最后，环境问题通过自媒体的报道之后得到解决，别时时都把这些事情当成绩拿出来炫耀，以免遭到破坏环境者的报复。

事了拂衣去，不留身与名！我一直认为，自媒体人从事环境舆论监督，并不是为了扬名，不是为了经济利益，而是出于热心、热情，或者是对这个地方的热爱。一旦不注意，可能会产生一些不好的后果。

PART FOUR

第四章

环保法与传播

新环保法规范下环境公益诉讼制度的构建[1]

王灿发　程多威

王灿发，中国政法大学教授、博士生导师、我国著名环境法专家。中国政法大学环境资源法研究和服务中心主任，兼任北京市人大代表、北京市人大城建环保委委员、中国环境科学学会副理事长、中国环境资源法研究会副会长。近25年来参加了中国大多数环境法律、法规的起草和讨论修改。个人独著和与他人合作完成环境法的著作50多部，发表环境法论文150余篇。先后被评为北京市优秀教师、北京市先进工作者、北京市师德标兵，并被授予“绿色中国年度人物奖”“日经亚洲奖”“改革开放30年环保人物”“中国正义人物奖”“CCTV 12.4 十年法治人物奖”，2007年被美国《时代》杂志评为45位“世界环境英雄”之一。

程多威，中国政法大学环境与资源保护法学博士生。

[1]　本文为司法文明协同创新中心阶段性研究成果。

《中华人民共和国环境保护法》修订草案（以下简称“新环保法”）于今年4月24日被全国人大常委会审议通过，将于明年1月1日起正式施行。新环保法在立法理念、法律原则、法律制度、法律责任等方面均有重大革新和显著突破，被学术界、实务界和社会舆论界广泛赞誉为“史上最严的环保法”[1]“环境立法史上又一里程碑”[2]。

关于环境公益诉讼的规定是新环保法的一大亮点。该法第58条规定：“对污染环境、破坏生态，损害社会公共利益的行为，符合下列条件的社会组织可以向人民法院提起诉讼：（一）依法在设区的市级以上人民政府民政部门登记；（二）专门从事环境保护公益活动连续五年以上且无违法记录。符合前款规定的社会组织向人民法院提起诉讼，人民法院应当依法受理。提起诉讼的社会组织不得通过诉讼牟取经济利益。”该条规定是构建我国环境公益诉讼制度基本依据和基础，必将对我国今后环境公益诉讼的发展产生深远影响。

一、新环保法规定对环境公益诉讼意义重大

环境公益诉讼制度入法始于2012年8月通过、2013年1月开始施行的新《民事诉讼法》。该法第55条规定：“对污染环

[1] 史上最严环保法：好法还得靠执行[EB/OL].[2014-5-8]http://news.sina.com.cn/o/2014-04-26/002730013793.shtml。

[2] 专家：环保法修订案是环境立法史上又一里程碑[EB/OL].[2014-5-8] http://news.xinhuanet.com/yzyd/legal/20140425/c_1110405559.htm。

境、侵害众多消费者合法权益等损害社会公共利益的行为，法律规定的机关和有关组织可以向人民法院提起诉讼。”从该法施行后一年多的实践来看，由于该规定过于宽泛笼统，实践操作性较差，且缺乏相应司法解释予以细化，环境公益诉讼拓宽公民环境维权途径，加大环境保护力度的制度功能受到极大制约，难以有效发挥。在此背景下，新环保法第58条主要在以下两个方面拓展了环境公益诉讼法律制度：

一是进一步明确了环境公益诉讼主体。环境公益诉讼主体资格问题始终是环保法修订进程中的焦点。2012年8月环保法修正案一审稿未将环境公益诉讼纳入。2013年6月二审稿曾将环境公益诉讼起诉主体极其狭窄地限定为“中华环保联合会以及在省、自治区、直辖市设立的环保联合会”，此举有将公益诉权“特权化”之嫌，遂引发强烈反响和巨大争议。其后2013年10月的三审稿则将起诉资格调整为“依法在国务院民政部门登记，专门从事环境保护公益活动连续5年以上且信誉良好的全国性社会组织”，事实上符合这一条件且具有起诉意愿的组织仅中华环保联合会一家[1]，可谓“换汤不换药”。由于要求是“全国性社会组织”，中华环保联合会各地方分会也被排除在外。可见，三审稿规定越发偏离法理与现实需求。

法是确认、分配、增进和保障利益的正当手段。与此相适应，环境立法应充分调动环境诉讼等制度设计协调利益关系、构造利益格局的功能，最大限度地维护并促进环境公共利益的实现。在这个意义上，新环保法第58条第一款较之二、三审稿有了显著进步，从“质”和“量”两个方面充实了“有关组织”的法律内涵。质的规定性上，依法登记、专业从事公益、

[1] 参见环保法三审稿困惑：环境公益诉讼主体反收窄[EB/OL].[2014-5-8] http://www.ceh.com.cn/shpd/2013/10/254909.shtml。

无违法记录等要件切实保证了公益诉讼主体的专业性与公信力；量的规定性上，经统计全国逾300家社会组织有权提起环境公益诉讼。[1]据此，进一步明确环境公益诉讼主体意义重大。

二是放宽了环境公益诉讼的范围。环境公益诉讼旨在维护环境公共利益。在学理上，利益是指客体对主体需求的满足，公共利益是指客体对不特定多数人需求的满足。因而，环境公共利益可以理解为环境对不特定多数人需求的满足。基于主体需求的多层次性，从抽象层面看，环境公共利益表征特定水平的环境质量，指向一种经济性环境公益（自然资源开发利益、环境容量使用利益等）与生态性环境公益（环境安全利益、舒适性利益、审美利益、文化教育利益等）的协调平衡状态。由于经济性环境公益对环境具有消耗性，生态性环境公益极易被侵蚀，从而使平衡陷入失衡，导致整体环境公益的受损。在传统诉讼模式下，人们虽然可以通过私益诉讼保护基于环境的经济利益，却难以保护作为社会公共利益的生态利益。即使《民事诉讼法》规定了环境公益诉讼，也只是规定了对污染环境的公益诉讼，没有明确对破坏生态的公益诉讼。

新环保法在新民诉法规定环境污染公益诉讼的基础上增加了生态破坏公益诉讼，初步形成了环境公益的直接性、全面性、及时性法律救济理念。一般认为，环境问题包括环境污染和生态破坏。前者可以理解为过度攫取环境容量使用利益从而侵害生态性环境公益的状态；后者则指过度攫取自然资源开发利益侵害生态性环境公益的状态。现实中，基于环境污染现象更为直观、《侵权责任法》仅确立环境污染侵权的思维惯性等原因，生态破坏与环境公益受损的高度关联性一直未被足够重

[1] 参见新环保法公益诉讼主体扩大：300家社会组织获资格[EB/OL]. [2014-5-8] http://news.sohu.com/20140425/n398780137.shtml。

视。新环保法规定生态破坏公益诉讼，改变了《民事诉讼法》规定单纯污染公益诉讼的模式，这种诉讼范围的扩大，将更加有利于公众全面参与环境保护。

二、环境公益诉讼法律规定实施面临的挑战

新环保法第58条虽然在立法上建立环境公益诉讼制度提供了法律依据，但是，由于新环保法规定仍然比较原则，缺乏比较完整全面的实体规范、程序规则、保障与联动机制，在具体实施过程中还会遇到不少问题，面临许多挑战。

挑战一：环境行政公益诉讼无从施展。

新环保法第58条第一款是对环境公益诉讼做出的总括式规定。依通说，环境公益诉讼可以划分为环境民事公益诉讼与环境行政公益诉讼两种类型。前者已通过新民诉法第55条的规定至少从形式上纳入了民事诉讼体系，而后者的上位概念行政公益诉讼则未被2014年1月公布的《行政诉讼法修正案（草案）》所采纳。然而现实中，负有环境保护法定职责的行政机关违法做出环境行政决策、做出环境行政许可，或者怠于履行环境行政管理、监督和执法职责，其对环境公共利益的侵害较之民事主体的违法排污等行为有过之而无不及。同时，从域外经验出发，强化对行政机关的监管力度堪称各国建立环境公益诉讼制度的首要目标。新环保法第58条规定中关于“污染环境、破坏生态，损害社会公共利益的行为”，是否包括行政机关违法审批、怠于履职导致环境污染和生态破坏，亟须通过具体立法或者司法解释加以明确的。如果答案是肯定的，环境行政公益诉

讼制度就会很快建立；如果答案是否定的，就将使环境公益诉讼丧失最关键的一个组成部分。因此，能否根据新环保法建立起环境行政公益诉讼将是新环保法关于环境公益诉讼规定实施面临的重大挑战之一。

挑战二：提起公益诉讼“法律规定的机关”范围仍未明确。

新环保法第58条第一款虽然明确了提起环境公益诉讼的社会组织的条件，从而也大致确定了有权提起环境公益诉讼的社会组织范围，但该法对《民事诉讼法》规定可以提起环境公益诉讼的“法律规定的机关”，没有进一步明确，仍然停留在颇有争议的原有规定上。如果像有些权威解释那样，把“法律规定的机关”仅限于现在《海洋环境保护法》第92条第2款规定的“行使海洋环境监督管理权的部门”这一类主体，其他所有环境与资源保护机关都无权提起环境公益诉讼，必将极大地限制和影响公权力机关通过公益诉讼维护社会公共利益和国家利益的积极性，也会使环境公益诉讼限制在极小的范围内。其后果是不利于污染的防治和生态的保护。

挑战三：缺乏环境公益诉讼具体规则将给环境公益诉讼的审理和判决造成很大困难。

由于环境公益诉讼从一定层面突破了起诉主体与起诉事由之间应当具有法律上利害关系的诉讼法原理，因而必须适当修正传统私益诉讼的有关规则以适应公益诉讼的需要。然而，无论是立法机关、司法机关，还是行政机关，对环境公益诉讼都没有做出任何立法解释、司法解释和行政解释。实际上，环境公益诉讼在诉讼管辖、起诉资格认定、起诉主体顺位、诉讼请求范围、举证责任分配、证明规则、禁止令适用、诉讼费用负担、被告反诉、当事人和解、法院调解、赔偿金归属、裁判效力范围等方面都需要有具体的规则。缺少这些具体规则，一方面有可能为一些法院拒绝受理环境公益诉讼案件提供借口；另一方面也有可能使人民法院在审理环境公益诉讼案件时无所遵循，导致在诉讼管辖、适用举证责任、证明规则等方面的混乱。

挑战四：民间环保组织无意愿或者无能力提起公益诉讼。

新环保法第58条第3款禁止提起诉讼的社会组织通过诉讼牟取经济利益，这对保持民间环保社会组织非赢利性、公益性、公信力方面确实有作用。然而不可否认的是，现有的真正民间环保组织，筹资渠道非常狭窄，资金来源非常不稳定，再加上这些环保组织通常缺乏法务人员、缺乏诉讼经验，而又没有能力高薪聘请有能力的律师代理诉讼，最终可能导致环保社团无意愿提起环境公益诉讼。有的民间环保组织客观有意愿提起环境公益诉讼，但由于人力资源的制约和诉讼费的缺乏，可能无力提起诉讼。从近几年的公益诉讼实践看，公益诉讼主要是由中华环保联合会、自然之友等少数几家较有影响的环保组织提出，就是很好的注脚。

挑战五：司法体制改革滞后可能会使人民法院不能积极立案。

司法体制改革虽然列入了十八届三中全会的决定，但现在的司法改革尚未显现出具体的效果，长期以来所形成的在立案、审理、判决方面诸多制度内生性障碍还没有被消除。一个鲜明的例子是，从新民诉法施行以来的情况看，环境公益诉讼中的被告多为地方上的纳税大户，甚至是振兴地方经济的龙头企业，或多或少会受到当地政府的袒护。而在现有司法体制的制约下，各级人民法院的人事、财政大权往往掌握在同级政府手中。[1]“吃人嘴短，拿人手软。”环境公益诉讼立案之难就

[1] 王灿发. 环境公益诉讼难在哪儿[N].人民日报，2013-5-18（010）.

可想而知了。由此可知，在司法体制改革尚未全面进行和现有法院人事、财政都对所在地政府眼中依赖的情况下，仅靠新环保法的一纸规定，是很难扭转环境公益诉讼立案难的问题的，人民法院也不会积极地去受理环境公益诉讼案件。

挑战六：环境公益诉讼相关制度缺乏必要的衔接。

事物是普遍联系的，环境公益诉讼与其他相关法律制度之间也不是彼此孤立存在的，而存在着相互支持，彼此配合、共同作用的关系。比如环境公益诉讼主体资格与环保社会组织登记规范化的关系、环境公益诉讼与环境侵权私益诉讼的关系、环境公益诉讼与行政执法的关系等等，无一不影响着环境公益诉讼制度的正常运行。如果不能准确界定何为“损害社会公共利益的行为”、明确社会组织的“无违法记录”证明或者证据由谁提供、“设区的市级以上人民政府民政部门”是否包括同级别的直辖市区的人民政府民政部门、“通过诉讼牟取经济利益”是否包括通过诉讼让被告支付原告为公益诉讼所付出的人力和经济成本或者费用等问题，在具体环境公益诉讼中就会形成很大的障碍。

三、环境公益诉讼制度的构建路径

鉴于实施环境公益诉讼可能面临的上述种种困境和挑战，环境公益诉讼制度的构建应着重从以下六个方面展开：

（一）切实完善环境公益诉讼类型

在理论上，环境公益诉讼可以界定为：以维护环境公共利益为目的，与诉讼请求无法律上利害关系的机关、组织和个人，针对造成环境污染和生态破坏的单位和个人，违反或者怠于履行环境保护法定职责的行政机关，根据法律规定向人民法院提起的诉讼。[1]因而，环境行政公益诉讼与环境民事公益诉讼共同居于“一体两翼”的地位，不可偏废其一。从理想状态看，环境行政公益诉讼的受案范围应囊括负有环境保护法定职责的各级各类行政机关做出的所有涉及公众环境利益的抽象行政行为（如颁布规章和规范性文件）、具体行政行为（如环境行政决策和行政审批）和内部行政行为（如工作人员的任免升降和违纪处分）。但由于现有立法远未达到理想状态，这就需要最高人民法院和有关部门尽快出台新环保法第58条的司法解释和行政解释，对行政机关非法环境许可审批、不履行环保法定职责的行为是否作为“污染环境、破坏生态，损害社会公共利益的行为”做出解释，同时应力促行政公益诉讼写入《行政诉讼法》，以便为环境公益诉讼创立完整的法律根据与充足的制度空间。

（二）清晰界定并逐步扩大环境公益诉讼主体

如前所述，新民诉法所谓“法律规定的机关”的界定尚不清晰。从操作层面看，具有环境保护法定职责的行政机关应当与海洋行政主管部门一样具有环境公益诉讼主体资格。一方面，这些机关应在穷尽处罚、限期治理、责令停产停业等行政执法手段后仍不足以维护环境公共利益的情况下提起环境民事公益诉讼。对于缺少明确直接受害人的环境污染或生态破坏事件，环保行政机关和其他有环保和资源法定职责的机关也可以代表国家提起诉讼。在此前提下，将提起环境公益诉讼，特别是环境行政公益诉讼作为补充。因而，眼下比较可行的做法是

[1] 王灿发.中国环境公益诉讼的主体及其争议[J].国家检察官学院学报，2010，（3）:4.

在新民诉法第55条的司法解释中明确“法律规定的机关”所指为法律规定具有环境和资源保护法定职责的行政机关，并明确这些机关的起诉条件，从而引发与新环保法第58条的联动效应。而从长远看，能够提起公益诉讼的社会组织应当包括在各级人民政府民政部门登记的社会组织，而且公民也应当被赋予提起环境公益诉讼的资格。

（三）制定和健全环境公益诉讼规则

环境公益诉讼的公益性、技术性、较大社会影响性等特征决定了环境公益诉讼不同于普通的民事诉讼和行政诉讼，其诉讼管辖、诉讼程序、举证规则、判决内容、判决的执行等有其特殊性，只有根据环境公益诉讼的需要制定特别诉讼规则，才能使环境公益诉讼健康和顺利发展。具体而言，可以考虑包括以下基本要点:（1）该类诉讼可以由环境污染或生态破坏发生地、造成公众环境权益损害地的中级人民法院集中管辖；（2）环保社会组织和公民起诉应不受危害行为或侵害结果发生的地域限制，环保行政机关和其他具有环境与资源保护法定职责的机关起诉可以基于职责范围应主要限于所辖地域范围内；（3）针对各主体不应硬性规定起诉顺位，具有相同或同类诉讼请求的可以列为共同原告；（4）诉讼请求应包括禁令之诉、给付之诉、损害赔偿之诉、履职之诉、撤销之诉等不同类型；（5）在污染和生态破坏行为与损害后果的因果关系证明上，应适用举证责任倒置和因果关系推定规则，且原告可以基于及时遏制环境污染或生态破坏的理由申请人民法院发布禁止令；（6）原告胜诉的应由被告承担诉讼费用，原告败诉时免收或由政府设立的环保公益基金诉讼费用；（7）为防止恶意诉讼行为二次侵害环境公众利益，应对被告反诉、当事人和解、法院调解等做出严格限制；（8）赔偿金可以根据诉讼的具体情况，或者补偿一定范围的受害人，或者缴入财政账户，或者全部或部分纳入环保公益基金；（9）胜诉判决可以拘束其他未起诉主体，败诉判决则不得妨碍其他主体就同一公益诉讼请求起诉。

（四）提升环保社会组织提起环境公益诉讼能力

中国当下正处在转变经济发展方式的重要战略期，不同样态的环境问题集中爆发。价值多元化和利益冲突性决定了环境问题的破解必须建立在公众参与的实践理性基础之上。在此背景下，环保社会组织通过依法提起环境公益诉讼，客观上可以发挥调和多元价值与横平利益冲突的重要功能。以新环保法第58条为先导，环保社会组织的诉讼能力建设有以下几个重点：首先，应正确树立公益诉讼的舆论导向，引导政府、企业、社会组织与公众之间形成良性互动关系；其次，大力宣传有关法律精神，提升环保社会组织的诉讼意愿与信念；再次，加强环境法律专业知识和技能培训，鼓励像中国政法大学污染受害者法律帮助中心这样的法律援助组织对环保社会组织进行环境法律实务和诉讼技能的培训；最后，加大公益诉讼专项资金支持力度，尽可能缓解环保社会组织的后顾之忧。

（五）稳步推进环境审判体制改革

环境公益诉讼实践中普遍存在立案难问题。这一现象实际从深层次折射出目前的司法审判体制与环境维权现实需求之间的巨大落差和不相适，固有的体制束缚已经成为将环境公益诉讼引向深入过程中必须克服的一大障碍。令人欣喜的是，十八届三中全会将司法体制改革提上了议事日程，借助环境公益诉讼制度“倒逼”环境审判体制改革存在现实可能性。“罗马不是一天建成的。”若从基本阶段性目标着眼，变革环境审判体制应当遵循以下步骤稳步推进：第一步，积极建立多元化环境案件立案监督机制，将法院内部监督、检察监督、人大监督与社会监督等形式有机结合；第二步，全面推进环境司法的专门化、专业化，科学设立环境法院和环境法庭，集中审理各类环境与资源保护案件；第三步，建立跨行政区域的司法审判组织，比如区域性法院、流域性法院等，排除地方利益、地方保护对环境司法的干扰。在这一宏大改革进程中，环境公益诉讼立案难等诸多问题无疑将得以成功化解。

（六）保障环境公益诉讼相关制度的配套与衔接

在环境诉讼制度体系框架内，环境公益诉讼与环境私益诉讼既有区别，又有联系。区别在于，环境公益诉讼旨在维护环境公益，而该种环境公益为不特定多数人所享有，具有共享普惠性与不可分割性；环境私益诉讼则意在保障公民个人的人身权益和财产权益。由此，二者之间并不存在明显交叉；联系在于，环境公益与环境私益的侵害可能系同一环境污染或生态破坏行为所致。因而在认定危害行为、侵害后果及其因果关系等要件过程中二者可以互相借鉴映衬。至于前述两个现实问题，其一，“损害社会公共利益的行为”应当由中立的第三方机构通过环境损害鉴定评估和环境健康风险评价对环境污染、生态破坏状况及其造成的公众健康损害或损害风险进行准确界定；其二，行政管理部门违法审批、滥用职权、不理性法定职责导致不特定多数人的环境受到损害，也应属于损害社会公共利益的行为，并纳入公益诉讼的范围；其三，“无违法记录”的证明可以由主管部门或者负责社团登记的部门负责提供，且其不得无理拒绝提供；其四，环保社会组织“不得通过诉讼谋取经济利益”，但并不能排除环保社会组织通过诉讼取得一定收入，比如胜诉后从赔偿金中得到为诉讼所支出的费用、所付出的人力资源成本等等。完全禁止环保民间社团通过诉讼取得合理收入将不利于环保民间组织的可持续发展。

对于环境公益诉讼制度的构建，以上各个方面是一个完整的整体，任何一个环节的缺失，都可能使环境公益诉讼流于纸面的条文，而难以真正实施。我们相信，在社会各界的积极努力下，伴随着相关法律、法规、司法解释的陆续出台和司法实践的持续推进，环境公益诉讼制度会越发健全和完善，成为促进我国践行科学发展观、建设生态文明社会的重要诉讼制度。

略论新环保法中的三角舆论监督机制

王　曦

王曦，武汉大学法学博士、美国华盛顿大学法学硕士；上海交通大学法学院环境资源法研究所所长，博士生导师；中国环境资源法学研究会副会长；牛津大学出版社《国际环境法年鉴》联席主编；剑桥大学出版社《跨国环境法》学术顾问；澳大利亚、巴西三个环境法学术期刊的编委；第四届中国经济社会理事会理事；上海市人民政府参事。曾任第九、十、十一届全国政协委员，中国民主建国会第八届、第九届中央常委。IUCN——世界自然保护联盟环境法学院理事会理事（2003—2014）。

研究领域为环境法原理、比较环境法、国际环境法。学术追求：实事求是，深入认识政府、企业和第三方主体，探索以法律保障其良性互动的原理和方法。

近年来，笔者通过《环保法》修订研究得出的一个重要认识是：当前我国环境法制建设应当以规范和制约有关环境的政府行为为战略突破口。有关环境的政府行为指的是行政机关做出的可能对环境带来重大影响的各种规划行为（如开发建设规划、产业发展规划、经济技术政策）、招商引资决定和环境管理行为。抓住政府这个主体，就是抓住了我国环保主体之间良性互动的关键或“牛鼻子”。可喜的是，新《环保法》的修订，紧紧抓住了政府这个关键主体并在规范和制约有关环境的政府行为方面做出了一些具有重大而深远意义的制度创新。

一、新环保法的三角舆论监督模型

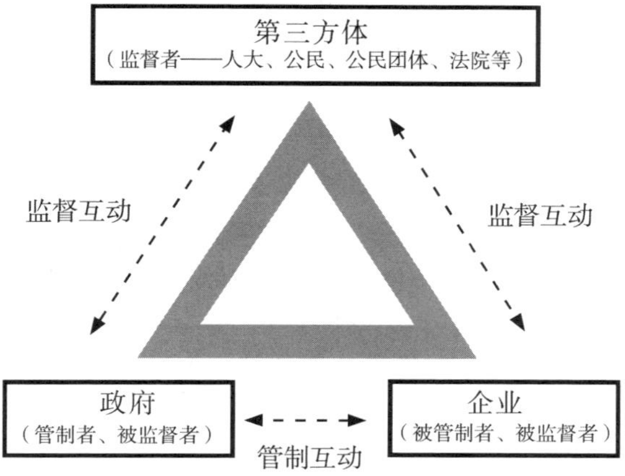

笔者通过《环保法》修订研究得出了一个关于我国环保事业主体及其互动关系的概念性模型（见上图）。

这个模型显示了我国环保事业中的两种重要互动关系。其一是政府与企业等管理相对人之间的环境管理关系。其二是除政府和企业等管理相对人之外的所有第三方与政府和企业之间的监督或制约关系。这两种关系互相密切相关。例如，第三方主体与政府之间的监督互动的好坏，决定着政府与企业之间的管制互动的好坏。大量实例证明，在缺乏监督的情况下，地方政府往往倾向于懈怠其环保职责，严重的甚至被管理相对人所“俘获”，与违法企业狼狈为奸。

这个模型提醒我们，应当对政府在环保事业中的特殊地位和作用给予高度关注。一方面，各级政府是管理者，享有以国家公权干预违反环境保护法律的企业和其他主体的生产、经营或其他活动的权力。另一方面，地方政府又是地方经济的规划者和推动者，其有关环境的行为如果不当，往往对地方带来严重的环境污染或生态破坏。在这个意义上，政府，尤其是地方政府有可能与企业一样，成为环境问题的制造者。政府尤其是地方政府的这种双重身份，使得它们成为我国环保事业三大类主体中对我国环保事业的成败具有相对更为重要的影响的一个主体。政府的双重身份决定了它的权利（或权力）和义务也是双重的。作为监督者，它享有依法监督作为污染者的管理相对人的权力。作为被监督者，它承担着勤勉履行环保职责，严格执法和遵守环境保护法律规定的义务。这种双重身份使政府承担着“管好别人”和“管好自己”的双重责任。与企业和第三方主体的相对单一的身份（被管理者或监督者）相比，政府的这种双重身份决定了它行为失当的机会也是双重的。而政府不论是在环境管理上的失误，还是在规划和推动地方经济发展的决策上的失误，都往往对经济、环境和社会的可持续发展带来长时间、大范围的负面影响，并损害环保主体之间的良性互动。因此，在环保事业的三大类主体中，政府是举足轻重，牵动全局的关键主体。

二、环境信息公开相关条款对政府行为的规范和制约

至少从以下三个方面可以看到新《环保法》的这个特点：

首先，新《环保法》的篇章结构显示它把规范和制约有关环境的政府行为放在相当重要的地位。原《环保法》有六章，而新《环保法》有七章。新《环保法》增加的一章题为“信息公开和公众参与”。从这个标题可见它是一个以规范和制约有关环境的政府行为为主的专章。除了这一章以外，在新《环保法》的其他章中也含有比例相当高的规范和制约有关环境的政府行为的条款。

其次，新《环保法》相对于原《环保法》的条文数量变化也显示这个特点。原《环保法》有四十七条，其中有关政府的规定主要有三类：一类是授权政府管理环境的条款，例如第七条（“国务院环境保护行政主管部门，对全国环境保护工作实施同意监督管理……”）和第九条（国务院环境保护行政主管部门制定国家环境质量标准……）等。另一类是真正规范和制约有关环境的政府行为的条款。但这类条款不但数量少（严格地说只有三条）而且没有形成完整的制度。而新《环保法》则大为不同。

新《环保法》不仅将条款总数增加为七十条，而且新增的条款中大部分是关于规范和制约有关环境的政府行为的规定。

例如，第十九条关于开发利用规划的环境影响评价的规定；第二十六条关于环境保护目标责任制和考核评价制度的规定；第二十七条关于县级以上人民政府向本级人民代表大会或者人民代表大会常务委员会报告环保工作并依法接受监督的规定；第二十八条关于未达到国家环境质量标准的重点区域、流域的有关地方人民政府，应当制订限期达标规划，并采取措施按期达标的规定；第二十九条关于国家在重点生态功能区、生态环境敏感区和脆弱区等区域划定生态保护红线，实行严格保护的规定；第四十四条第二款关于“行政限批”的规定；第五十三条第二款关于政府依法公开环境信息、完善公众参与程序，为公民、法人和其他组织参与和监督环境保护提供便利的规定。

第五十四条第二款关于政府依法公开环境质量、环境监测、突发环境事件以及环境行政许可、行政处罚、排污费的征收和使用情况等信息的规定；第五十六条第二款关于建设项目环境影响报告书，除涉及国家秘密和商业秘密的事项外，应当全文公开；发现建设项目未充分征求公众意见的，应当责成建设单位征求公众意见的规定；第五十七条关于公民、法人和其他组织举报污染环境和破坏生态行为的系列规定；第五十八条关于社会组织对污染环境、破坏生态，损害社会公共利益的行为提起诉讼的权利的系列规定；第六十七条关于上级人民政府及其环境保护主管部门应当加强对下级人民政府及其有关部门环境保护工作的监督的规定；六十八条关于行政处罚（直至引咎辞职）的系列规定等。仅这里列举的，就有十二条之多。而且这些条款都是原《环保法》所没有的。由此可见建立并加强对有关环境的政府行为的规范和制约是本次法律修订工作的主要任务之一。

最后，更重要的是，从建章立制的角度看，新《环保法》

首次建立了一个比较完整的规范和制约有关环境的政府行为的制度。原《环保法》关于规范和制约有关环境的政府行为的规定不仅数量少，而且没有形成制度。在现实中，这种制度空白是不少地方政府的“唯GDP发展观”和粗放式发展方式难以得到遏制的重要原因之一。本次法律修订注意修补这个制度上的漏洞。新《环保法》抓住要害，对症下药，从地方政府的“双重身份”问题入手，做出了一系列新规定。

首先，针对政府由于其经济发展的规划者和推动者这一“角色”而可能成为环境问题的制造者这一问题，新《环保法》做出了有助于政府科学民主决策，防止出现因政府决策失误而引发环境污染和生态破坏问题的一系列规定。例如，总则的第六条第二款规定“地方各级人民政府应当对本行政区域的环境质量负责”，提醒地方政府在发展地方经济时必须考虑环境质量这一因素。第十四条要求国务院有关部门和省、自治区、直辖市人民政府在组织制定经济、技术政策时充分考虑对环境的影响并听取有关方面和专家的意见。此即所谓“政策环评”条款。它首次将环评制度的适用范围从建设项目和规划扩大到政府的经济、技术政策，把更多的有关环境的政府行为纳入法律调整的范围。

由于规划环评在防止地方政府因规划失误而引起重大环境问题方面的重要作用，第十九条不仅重申“编制有关开发利用规划，建设对环境有影响的项目，应当依法进行环境影响评价”，而且进一步规定“未依法进行环境影响评价的开发利用规划，不得组织实施”。第二十九条规定“国家在重点生态功能区、生态环境敏感区和脆弱区等区域划定生态保护红线，实行严格保护”，对地方政府的经济开发规划设定了不可逾越的空间界限。第五十三条规定“公民、法人和其他组织依法享有获取环境信息、参与和监督环境保护的权利。各级人民政府环境保护主管部门和其他负有环境保护监督管理职责的部门，应当依法公开环境信息、完善公众参与程序，为公民、法人和其他组织参与和监督环境保护提供便利”。这条规定为公众参与政府有关环境的决策过程提供了明确的法律依据，也有助于防止政府决策失误。

其次，针对作为环境管理者的政府尤其是地方政府中比较普遍存在的懈怠和乱作为的问题，新《环保法》第二十八条第二款规定“未达到国家环境质量标准的重点区域、流域的有关地方人民政府，应当制订限期达标规划，并采取措施按期达标”。由于有了限期和公众参与的规定，这个规定能够有力地防止地方政府在环境管理中的懈怠。此外，新《环保法》还加强了针对懈怠和乱作为的政府内、外监督制度。在内部监督方面，第二十六条规定了环境保护目标责任制和考核评价制度，首次注意运用干部政绩考核这个“指挥棒”来激励各级政府领导和工作人员勤勉履行环保职能。第六十八条要求“上级人民政府及其环境保护主管部门应当加强对下级人民政府及其有关部门环境保护工作的监督。发现有关工作人员有违法行为，依法应当给予处分的，应当向其任免机关或者监察机关提出处分建议。依法应当给予行政处罚，而有关环境保护主管部门不给予行政处罚的，上级人民政府环境保护主管部门可以直接做出行政处罚的决定”。这种内部监督规定，尚属首次。在外部监督方面，新《环保法》以第五章（信息公开和公众参与）从公民、法人和其他组织获取环境信息、参与和监督环境保护的权利；要求政府公开环境信息和为公众参与提供便利；环境影响评价的公众参与；公民、法人和其他组织的举报；环境公益诉讼等方面做出相当详细的规定，首次为公民、法人和社会组织监督有关环境的政府行为提供了法律依据和程序保障。有作者曾经呼吁“把确保政府勤勉履行环保职能的‘达摩克利斯之剑’挂起来”。新《环保法》首次做到了这一点。

最后，新《环保法》加强了对政府履行环保职责的问责制度。除了关于公民、法人和其他社会组织的举报权利的规定以外，新《环保法》第六十八条对行政问责做了十分详细的规定。它列举了九种在现实中经常出现的招致行政问责的行为，并为之规定了从记过到引咎辞职的不同程度的行政纪律处罚。

三、政府要带头遵守并严格执行新《环保法》

法律制定之后，行政部门的实施就是决定因素。新《环保法》将于2015年1月1日施行。当前各级政府面临着如何有效实施这部法律，确保其立法目的得到实现的挑战。在新《环保法》通过之前，地方政府往往可以以原《环保法》或其他环保类法律没有对其有关环境的行为做出明确的规范和制约为由，为自己在有关环境的决策失误、管理懈怠和乱作为辩解。在新《环保法》通过之后，这种借口和辩解失去了正当性。各级政府必须严肃地对待并认真的实施新《环保法》。这是依法行政的基本要求。

首先，各级政府及其与环境保护关系密切的职能部门，应当抓紧时间，认真学习新《环保法》。特别要通过学习深刻领会国家立法机关以新《环保法》规范和制约有关环境的政府行为的立法意图，为正确、有效实施这方面的法律规定做好思想准备。

其次，各级政府尤其是地方政府要抓紧为实施新《环保法》这方面的规定做好行政程序准备。例如，在政府的规划决策程序，信息公开程序，公众参与程序，政府内、外监督程序，行政问责程序等方面，都需要做细致的检查、修改和补充。

总之，新《环保法》首次对有关环境的政府行为做出了比较系统的规范和制约，并首次将其放到了社会监督之下。新《环保法》就像一把确保政府勤勉履行环保职责的“达摩克利斯之剑”，挂在了各级政府的头上。在这种形势下，各级政府必须充分认识自己的“双重身份”所可能带来的严重环境后果和自己在环保事业中举足轻重的地位。正确、充分、有效地发挥环境管理者的职能并避免因经济决策失误而造成严重环境后果，从而防止这把剑掉下来，是各级政府应当予以高度注意的。这也许是国家立法机关通过新《环保法》传达给各级政府的一个重要信息。

四、结语

几年前，笔者曾经说过：“现实中有两种不遵守法律的现象：一是政府部门有法不依；二是开发者或生产者有法不依。两者相比，前者更具根本的意义，更需要法律的规范和制约。”本次《环保法》的修订，在党的十八届三中全会决定的指引下，抓住了政府尤其是地方政府在环保领域有法不依这个要害问题，并为解决这个重大问题首次规定了比较系统的制度，难能可贵。新《环保法》必将因此而载入我国环境法制建设史册。中外历史反复证明，正确的制度改革能够极大地促进一个国家的经济和社会的发展。新《环保法》所规定的有关规范和制约有关环境的政府行为的制度和措施必将有力地推动我国政府尤其是地方政府勤勉、积极履行环保职能，克服环保领域里的“政府失灵”，从而有效地克服表现为环境污染和生态破坏的“市场失灵”。新《环保法》的这个制度创新必将因此成为我国全面深化改革所带来的“改革红利”的一个重要来源。

主要参考文献：

[1] 保罗·萨缪尔森、威廉·诺德豪斯. 微观经济学.（第18版）萧琛，译. 人民邮电出版社. 2008（1）.

[2] 王曦. 论我国《环保法》的修改与政府环境保护公共职能的统一性——在全国人大环资委“中国环境立法座谈会”上的发言. 国际环境法与比较环境法评论. 上海交通大学出版社. 2008（1）.

[3] 王曦. 论新时期我国环境法制建设亟待解决的三大问题. 法学评论. 2008（4）.

[4] 王曦. 论新时期完善我国环境法制的战略突破口. 上海交通大学学报（哲学社会科学版）. 2009（2）.

[5] 徐丰果. 把确保政府勤勉履行环保职能的“达摩克利斯之剑”挂起来！”. 绿叶. 2011（1）.

[6] 王曦. 环保主体互动法制保障论. 上海交通大学学报（哲学社会科学版）. 2012（1）.

[7] 王曦. 论规范和制约有关环境的政府决策的必要性. 法学评论. 2013（2）.

[8] 王曦. 论《环保法》的特殊功能及其提升. 上海交通大学学报（哲学社会科学版）. 2014（2）.

PART FIVE

第五章

非政府组织与环境新闻

我国草根环保NGO在社会治理中的作用及其困境

——以绿驼铃参与“汶川大地震”灾区重建为个案

徐定艳

徐定艳，甘肃省绿驼铃环境发展中心执行主任、西北师范大学公共管理专业硕士，专职从事环境保护工作九年有余，与绿驼铃团队一起扎根甘肃，开展了水资源保护、草原保护、灾后重建等多个环境保护与社区发展项目，积累了较为丰富的工作经验。2013年徐定艳在参与甘肃岷县地震救灾工作中也获得壹基金颁发的个人贡献勋章。

随着社会治理结构的逐渐转型，NGO组织（非政府组织，亦称为社会组织、民间组织、非营利组织）在发动社区资源、动员社区参与等方面逐渐显现其优势，成为社会治理中一股不可忽视的力量。尤其在2008年5·12汶川地震中，NGO以其机动、灵活、行动迅速等优势快速深入地震灾区一线参与紧急救援及灾后重建工作，为政府在灾后重建工作中做了重要的有益补充。本文以甘肃本土草根NGO组织（指由公众自下而上发起的NGO，相对于官办NGO和国际NGO）绿驼铃[1]参与甘肃陇南地震灾区救灾和重建项目为案例，探讨草根环保NGO在社会治理中的角色、功能及作用，以及在草根NGO在社区治理中所面临的困境与问题。

一、绿驼铃在灾难救助期间的社会治理作用

汶川大地震于2008年5月12日突然降临，一时间灾区生活陷入困境。美国著名经济学家韦斯布罗德认为，正是由于政府和市场在提供公共产品与服务方面的局限性，导致了对于NGO的功能需求，这是NGO存在的主要原因。

（一）绿驼铃的灾难评估与救援的有的放矢

救灾的首要条件是把握灾情，有的放矢才能效果最大化。地震发生初始阶段，我们联合甘肃其他NGO一起组建了灾情评估小组，奔赴灾区一线收集灾情信息和需求评估，并将灾情信息及时反馈，和甘肃的其他NGO共同成立了甘肃草根联合行

[1] “绿驼铃”，全称是甘肃省绿驼铃环境发展中心（简称为“绿驼铃”），筹备成立于2004年11月4日，注册登记于2007年10月31日，是甘肃省最早筹备成立的由民间自发形成的草根NGO组织，致力西部环境保护事业。

动，各自在其领域内参与紧急救援工作。一个月后，灾区的紧急救援工作基本告一段落，各机构根据各自的工作领域转入参与灾后重建工作。在灾情评估中，草根NGO需要有很细致的情况把握，这也是政府或市场短期内做不到的。比如确定将文县碧口中庙乡茶园村作为绿驼铃实施灾后重建的项目点，对该村的基本评估情况为：

茶园村位于文县的最南端的一个山沟中，有合作社7个，共140户、508人。茶园村与四川省青川县仅一山之隔，是本次地震中文县受灾最为严重的村庄之一。5·12地震造成该村4人死亡，705间房屋、圈舍、厕所、沼气池报废，4处人饮工程全部报废。由于该村离乡政府较远，又地处偏僻，在本次地震救灾中受到政府的极大忽视。震后，中庙乡多个村已经开始整村规划和重建，但茶园村却没被纳入规划之中，只能依靠农户自己就地重建。同时，该村位于甘肃白龙江国家级自然保护区内。保护区主要任务是保护大熊猫、珙桐等多种珍稀濒危野生动植物及其赖以生存的自然生态环境和生物多样性。而该村冬季取暖以木炭为主，仍存在着对保护区内林木资源过度利用的问题。

综合绿驼铃前期的灾情评估和救灾物资的发放情况，绿驼铃也积极筹资，并成功地向某国际基金会申请灾后生态房屋重建示范推广项目。而绿驼铃作为一个关注环境保护的草根环保组织，在选择项目点方面也有一些倾向性的考虑，如：一是否有典型的环境问题或是否有重要的生态环境保护价值；二受灾程度较为严重，贫困程度较深；三社区在外界中得到的外界援助相对较少；四社区群众发展意愿强烈；五村两委参与项目的意愿及与村民的关系；等等。各机构转入灾后重建阶段后，绿驼铃从环境保护的机构使命出发，在甘肃陇南文县碧口镇中庙乡茶园村开展了长达三年的灾后重建工作，从生态建筑的建设与推广到社区生计的恢复再到提升村民的备灾应灾能力。

（二）环保专业视角组织灾区生态友好型重建

绿驼铃以环境保护为使命，希望结合灾后重建项目探索环境与社区的综合可持续发展。在该项目中，把握重建的机遇，建设生态建筑，提升村民环境意识和社区凝聚力，使社区考虑可持续的经济发展道路成为摆在绿驼铃面前的设计难题。绿驼铃通过问题树、目标树、SWOT分析、利益相关者分析、可行性分析等具体工具的应用，与当地村民共同设计了以建设草砖房、生态卫生旱厕为主要内容的第一期甘肃地震灾区生态建筑推广项目，并确立了项目目标。一是绿驼铃通过设立草砖房支持基金，资助较贫困的草砖房示范户及该村公共设施重建；二是绿驼铃通过向村民宣传普及草砖的原理和综合效益，结合当地自然地理和风俗习惯，确定适合当地的草砖房建设方案；三是建立政府、村民、NGO共同开展生态型、可持续性灾后重建工作的长效机制，实现家园的可持续发展。

如何实现经济、环境、社会的可持续发展也是政府一直在思考的问题，而政府在实施一项新举措中需要综合考虑众多问题，且政府很难摆脱行政官僚主义的积弊，往往对于新的社会需求或发展机会反应迟钝。而NGO组织规模小，灵活机动，又扎根基层，易于结合社区需求做出回应。2010年，绿驼铃帮助灾民度过了最为困难的时期，为实现生态型、可持续型灾后重建工作的长效机制，绿驼铃开始投入到灾后重建的另一个新阶段中，即帮助灾民发展生产，恢复生计，同时提升村民应对自然灾害风险的能力，实现社区的可持续发展。

茶园村2000年实施“退耕还林”政策后，有1300亩耕地退还为茶树，现共有茶园1700余亩，农户以茶叶为主要经济来源，当地生态环境好，森林覆盖率达到95%以上，村民在茶叶生产中较少使用化肥和除草剂，使得当地茶叶品质良好。且茶园村依山傍水，风景优美，生物多样性丰富，非常适合开展以环境保护和自然体验为主题的生态旅游，可通过发展有机茶叶与生态旅游帮助灾民发展生产，恢复生计。

于是，在第二期灾后重建项目中，绿驼铃通过参与式的项目设计方式与村民共同讨论出项目内容。一是种植、发展有机茶叶，成立有机茶叶合作社，绿驼铃给予技术、信息等方面的支持；二是发放垃圾桶、修建垃圾池，美化社区环境，为打造生态旅游奠定基础；三是组织社区支教、垃圾分类环境教育、社区与外界交流等各类社区文化教育活动，丰富社区文化生活。

如果说上一阶段，绿驼铃灾后重建项目更侧重于回应灾民迫切需求的硬件建设，那么这一阶段的项目更侧重于提升社区居民的生活方式，转变及引导社区居民开始实质性地关注周遭生活环境保护等软性资源的投入。

（三）引导公众参与形成公众化的社会管理

绿驼铃在工作中非常重视公民意识及参与精神的培养。回顾灾后重建项目实施过程，绿驼铃非常重视通过参与式方式组织各类能力建设培训、社区会议及社区公共设施的建设。一方面能够培养社区居民的参与意识和参与精神，提高社区居民对于社区公共事务的关注度，加强社区居民对于项目内容、过程的监督；另一方面也是尊重参与群体知识结构的多样性，使得出的结论更具科学性和合理性。举例来说，在项目执行的第二阶段，为加强社区居民对灾害及其影响的认识，也为社区居民能够提前做好灾害应对，绿驼铃特邀请云南绿色流域的专家为社区居民提供灾害及其灾害管理方面的知识培训，并组织社区居民通过参与式的方式讨论和制订出社区灾害管理规划，进一步提高了社区居民对灾害管理规划的认识和理解。绿驼铃工作人员全程只作为协作者和观察者参与。社区居民从开始的羞涩推辞到最后灾害规划图表的独立完成，创造性和参与精神在潜移默化中被激发。

得益于参与式项目评估理论的指引，绿驼铃在项目执行中非常重视社区居民的共同参与和讨论，并动员社区居民在项目中主动参与和投入。如村民共同商议讨论草砖房的建设方案、投工投劳参与建设草砖房、生态卫生旱厕、茶园小学等，项目始终坚持行动主体必须是社区自身这一原则，在潜移默化的影响下，村民的归属感逐渐增强，也为村民灌输了一种理念：社区是自己的家园，自己的问题始终要由自己解决，社区的发展也必须依靠社区本身，而不是外来力量。社区小学“起架”那一天，几乎社区每户人家都义务出工参与。大家共同努力将校舍木结构框架立起，放鞭炮庆祝，休息时聚在工地边聊天交谈……社区居民感慨地说这种场景自20世纪80年代“分产到户”已经几十年没见了。

项目结束后3年，我们再回到社区时看到，越来越多的学生回到社区学校中上学，生态厕所、垃圾房、草砖房都在使用中。对比四川“绵阳紫荆民族中学”在落成不足一年后，被征地改建成地产项目，于2012年被地方当局拆除。绿驼铃的项目正是坚持了参与式的理念和方式，坚持社区居民为项目主体，保证了项目的持续性。

以下通过表格简单介绍公众参与的形式和定义：

参与形式	定义	举例
自主性参与	村民自己决定做什么，怎样做。	“我们要做……”
主动性参与	外来者与当地人一起分析情况，共同决定做什么，怎样做。	“咱们一起讨论、开会决定、一起做吧。”
适应性参与	在做什么上，外来者接受当地人意见，但如何做外来者决定。	“本地情况就这样，你看该怎样做好，咱们就怎样做呗。”
诱惑性参与	外来者决定做什么，怎样做，同时用奖惩鼓励当地人参与。	“我无所谓，既然有奖励，那就这么做吧。”
被动型参与	外来者决定做什么，怎样做，当地人只是被告知必须去做。	“你叫我做什么，我就只好做什么啦。”

针对社区公共事务提供资源或服务，赢得社区的进一步信任和了解。绿驼铃通过引进外部资源，帮助茶园村援建茶园小学，解决村中孩子的上学问题，同时组织大学生支农支教，开展环境教育活动，赢得了社区的广泛好评，也进一步拉近了绿驼铃与社区的关系。

绿驼铃并不是一个“全才型”机构，很多专业方面的能力并不具备，而生态社区的营造又是一个复杂的需要更多专业力量介入以协助社区发展的活动。因此，很多活动内容的开展需要有其他专业力量的介入。绿驼铃将自身、茶园村作为平台，引入香港浸会大学、兰州理工大学的支教团队赴茶园村开展支教活动及宣传教育活动；联系北京专业建筑设计室和建筑专业实习在社区中提供建房专业技术支持；以民间独立第三方的身份协调政府向村中提供硬件设施支持；引入梁漱溟乡建中心的专业人士为茶园村开展农村合作社能力建设培训、组织人员赴示范地区考察、学习茶产业合作社先进经验等。

二、绿驼铃参与灾后重建中的主要问题

事实上，绿驼铃在三年的灾后重建过程中也遇到了很多的问题和困难，有外界不可控因素，也有因自身原因而造成的一些问题或遗憾。总体看来，笔者将其概括为来自于外部的宏观制度安排和来自于内部的微观行动缺陷。

（一）绿驼铃介入灾后重建的宏观层面的问题

1. 社区环境的复杂性

首先，在第一期灾后重建项目中，绿驼铃设计了以稻草为原材料的生态草砖房，原计划可以就地取材，能够减少社区居民因燃烧多余稻草而造成的空气污染，同时也能够降低建造房屋的材料成本。但是在建设草砖房的过程中，却因为地震的原因很多稻田被破坏或被转为建筑用地，不能提供足量的稻草打造草砖，绿驼铃只能从周边寻找稻草或麦草来源。另外，由于震后道路被破坏，原有土路虽难走但基本可供人通行，但是因为地震原因土质变得疏松，容易造成塌方，不能承载重型车辆通过，无法顺利运载草砖机及其他房屋建筑材料到达村庄。因此，最后项目只能在天水、武山等地购买草料并在当地完成草砖加工，使用小型交通工具运抵村庄，实施房屋重建，无形中增加了房屋建设成本。草砖房的造价低廉特点没有得到充分体现，项目的进展也被严重拖延。

其次，在草砖示范户的选择过程中，绿驼铃坚持优先照顾社区弱势群体的原则，并与草砖示范户、村委会达成三方协

议，采用绿驼铃配套、政府贷款、农户自筹一部分的资金方案实施草砖房建设。但是由于政府贷款迟迟未发，农户经济较差，能力较弱，使草砖房的建设工期一再拖延，没有按预定的项目时间计划表完成草砖房的建成与投入使用。由于工期拖延，草砖示范户的选择虽顾及到对社区弱势人群的公平性，但示范户的示范性并未得到体现，以至于原计划第二批草砖房未能实现。

2. 资源供给方的能力参差不齐

绿驼铃灾后重建草砖房项目的资金来源为某境外国际基金会，在绿驼铃灾后重建项目中给予绿驼铃很大的信任与支持。在项目合作中，秉持着平等、尊重、资源信息共享的合作理念，并充分了解在项目执行过程中有很多不可控因素影响项目的实施进展，该基金会虽然重视项目的实施效果和具体产出，但是更重视在此过程中本土草根NGO的经验累积与能力建设。虽然项目因部分原因而延期，绿驼铃坚持客观坦诚地将进展和问题和基金会沟通，获得了基金会的理解，项目在实施效果和实施过程方面也得到基金会的赞同和认可。

茶园小学援建的资金来源为几位民间爱心人士，他们曾试图联系政府希望援建学校，而政府提出的资金需求量超出他们的资金总额。他们通过网络辗转联系到绿驼铃灾后重建项目负责人，并表达他们希望援建学校的愿望，最终绿驼铃成功引入该民间资金用于支持茶园小学重建。绿驼铃也与捐赠者及村委会达成协议，共同参与茶园小学的重建，捐赠者主要提供资金支持，村委会负责实施重建工程，绿驼铃作为民间组织代表负责对社区的能力建设、对项目进展及财务监管。学校的建成离不开每一方的努力和付出，也是三方共同的成果，但是在生态建筑——茶园小学的建设和宣传推广中，绿驼铃与捐赠者产生了矛盾分歧。绿驼铃坚持“参与式”理念，推动小学建设、管理的各项事务和各个决策都有社区居民的共同参与，除了以学校建成的结果目标为导向，也要以建设过程中社区居民能力提升、社区凝聚力提升等过程目标为导向，但捐赠者更多的关注最终结果和实施的效率。学校建成后宣传推广时，捐赠者将茶园小学贴上了民间捐赠者的私有属性标签，不承认绿驼铃等其他各方力量在其中的贡献和价值，最终该矛盾也成为绿驼铃退出茶园村，提前结束灾后重建项目的重要诱因。

究其原因，目前公民的捐赠心理还未成熟，对于公益及公益组织的认知还存在一定偏差。公民的捐赠心理受慈善理念影响，将捐赠者置于道德的制高点，认为做公益就是做好事，就是无偿地给予受助者以帮助。其实不然，公益在乎捐赠者与受助者的平等沟通、相互尊重、参与和合作，希望在参与和合作中各尽其能、各得其所，助人自助。纵观某些国内基金会，在项目资助理念中也存在类似慈善捐赠心理，在与项目合作伙伴的沟通中、对于项目的“指导”都有一定不甚成熟的表现。

3. 地方政府的应对

在灾后重建项目中，乡政府是重要的利益相关方，也是灾后重建项目重要的合作伙伴，绿驼铃在项目之初就积极地与当地政府沟通，希望发挥各自优势，为中庙乡灾后重建工作顺利实施添砖加瓦，打造环境与经济可持续发展的生态村，并将灾后重建的模式与经验推广到其他地区。

在项目实施初期，政府的支持力度不大，基本持观望态度。具体表现在：首先，绿驼铃项目点茶园村并未被列入乡政府灾后重建整村规划重建的范围内，未能享受到相关政策的优惠条件；其次，道路整修与重建属于政府责任，但当绿驼铃因为道路原因不能正常实施房屋重建而联系乡政府修路时，乡政府并未及时协助恢复道路；第三，在政策方面，重建户能够享受到政府的建房贷款，但茶园村重建户的政府建房贷款迟迟没有落实到位，使房屋重建工期一再延后。

但在项目实施中后期，通过绿驼铃与乡政府的持续沟通及邀请参与生态建筑考察后，乡政府的支持力度明显加大：在茶园小学建成后，乡政府为学校配备了课桌椅及其他教学设备，并协助联系老师，村庄道路硬化也提前实施完成；同时乡政府将生态茶园村的建设作为灾后重建项目示范点，组织参观与宣传介绍。

产生这种变化的原因来自三方面：首先在项目实施前期，绿驼铃与乡政府的沟通存在某种障碍，双方暂时未建立起信任关系。但在项目中后期，随着沟通频次的不断增加及项目产生的实际变化，让乡政府对于绿驼铃开始逐步了解和信任，绿驼铃在项目地三年多的持续努力也最终赢得了政府的认可。其次，绿驼铃作为民间组织能够支持和提供的资金量有限，在房屋重建方面且不是整村支持，而是有目标性的选择示范户，在项目操作手法方面和政府的整村推进也有所不同，政府对于绿驼铃的能力及效率有所保留，因此在初期持观望态度。最后，如绿驼铃这样自下而上发起的草根NGO力量较为弱小，知名度不足，主动联系政府不受到重视也能够理解。由于政府有一套较为严格的逐级汇报沟通机制，政府工作人员在工作中有明确的工作流程，项目合作或配合需要有上一级行政部门的明确通知和介绍。绿驼铃在不断沟通中能够起到一定作用也与乡政府对接人的个人认知密不可分。

通过绿驼铃与乡政府沟通的过程证明，NGO可以与政府达成良好的沟通协作关系。

（二）NGO组织介入灾后重建的微观行动缺陷

1. 缺乏灾后重建的经验

突如其来的地震给NGO组织带来的不仅是挑战也是机遇。中国真正意义上的NGO发育时间也不过短短数十年，依然处于一个不断摸索、不断实践、不断累积经验的过程，NGO只有在不专业向专业的转变过程中才能见证其成长的力量。绿驼铃也是这样，从一个没有救灾宗旨，没有救灾经验的草根环保NGO尝试实施灾后重建项目开始，就面临着巨大的挑战，这种挑战表现在以下三个方面：

首先，项目执行人员经验欠缺。如绿驼铃这样的草根NGO原本就组织规模不大、人力资源不足，在面临救灾及灾后重建如何开展问题中，能够给予意见及参与讨论的工作伙伴不多。而且在绿驼铃转型后才开始慢慢关注农村环境问题，灾后重建更是一个全新的领域有待学习。而当时我国自唐山大地震后并未出现过如此大强度和破坏程度的地震，NGO在灾后重建的经验借鉴方面比较稀缺。于是，绿驼铃只能通过查找文献资料、拜访相关专家、边做边学习的方式摸索着开始实践。

其次，对潜在风险评估不足。绿驼铃设计灾后重建项目时，是基于两次前往茶园村进行需求评估和讨论后得出的结果，但是在进行需求评估方面做得不够深入和全面，设计、申请项目也比较急迫，并没有提前预见到道路、草原等问题对于项目会产生重大影响的风险。

最后，项目整体规划不足。可以从绿驼铃两期灾后重建的项目中看到，绿驼铃在茶园村开展的项目活动内容非常丰富，主要原因是在项目执行过程中处在不断发现问题，不断设计解决问题方案的状态中。而参看政府或较有经验的NGO组织，对于整村灾后重建或是一个社区重建都有较为清晰明确且比较长期的规划蓝图。但是绿驼铃在项目整体规划中把握不足，有一定的机动性。

2．过于理想化

绿驼铃一直是一个行走在悲观环境现实中的乐观理想主义者。绿驼铃希望所开展的公益项目是回应社区需求的，是秉持着参与式发展理念和价值观的。然而理想和现实总会有差距，我们能做的只是尽可能地缩小这种差距。

例如，按照参与式农村社区发展项目的原则，在社区提供差异化的服务，照顾弱势群体的利益，给弱势群体赋权，绿驼铃在实际项目操作过程中也是这样去做的。在选择草砖房示范户的过程中，我们首先调查了社区居民的经济收入来源与整体收入水平，再通过社区居民会议公开选择草砖示范户的相关信息，最后选择出相对贫困的5户草砖示范户，并给予一定建房支持。尽管在草砖房建设过程中，绿驼铃向草砖示范户提供外出参观考察、能力建设培训及相关技术指导，但是在实际操作中草砖示范户的执行能力还是较弱，在一定程度上影响了项目进展。

另外，灾后重建过程与组织使命存在一定差异，较难平衡。如绿驼铃坚持以社区需求为导向，但是社区发展的需求是多元化的，我们在满足社区需求的过程中，有时候很难与组织的目标达到平衡状态，甚至在执行过程中偏离了组织发展目标。这种体验在紧急救援过程中也得到印证，如在草根联合行动小组的7个成员中，没有一个组织的使命是关注灾害的。但面对如此重大的突发自然灾害，要求这些组织能够开展有效的行动，这就使很多组织在自身使命与救灾行为之间产生了差异，导致了以下两个方面的困难：一方面，未将灾害管理作为组织使命的机构，也往往在紧急救援过程中缺乏经验和能力；另一方面，在灾害救援过程中他们往往试图融入机构自身的使命或关注点，而可能导致忽略灾民的实际需求。

3. 缺少总结和反思

虽然项目结束时，绿驼铃邀请外部专家为绿驼铃灾后重建项目做了整体评估，得到社区居民的一致好评，并得到89分的优异成绩，但是在平常项目的执行中，项目工作人员总在按照项目计划书的内容完成项目任务，较少停下来观察和反思，也很少从理论的角度分析出现问题的原因，因此在项目终期评估时难免会有一些遗漏之处。而本文的写作恰好为绿驼铃系统梳理、总结项目提供了一次弥补的机会，希望能为绿驼铃或其他NGO组织未来参与灾后重建项目提供借鉴。

三、参与灾后重建对发展绿驼铃的思考

（一）把握政策动向，与政府建立良好的合作伙伴关系

灾后重建是一项长期、系统、综合的工程，不仅涉及房屋、公共设施等硬件设施的重建，也包括灾民的经济重建、心理重建、环境重建等。政府在灾后重建中仍占有主导地位，但是NGO能够发挥其优势的空间也很大，因此NGO应在政府宏观政策的指导下，积极地与政府保持足够沟通，加深彼此了解，帮助政府拾遗补阙，关注弱势群体的需求，做好社会稳定的“安全阀”。同时，NGO组织也需要及时把握灾后重建的政策动向，与政府沟通NGO的工作方法和工作理念等，在灾后重建的规划方面保持步调协调一致。

当地震等灾害发生后，NGO不应该仅凭着热情和使命感

就冲向灾区，而应在充分了解和分析政府等渠道公布的灾情信息基础上，充分评估灾区的需求、政府的“盲点”以及自身的优势和资源后，再开展具体的救灾和重建行动，做到“帮助不添乱”。把握政策动向不仅决定了NGO工作的效果，更是衡量NGO工作合法性的标尺。比如，2008年6月9日民政部发布2008年第108号公告，公告要求，除了公募基金会，“其他社会组织接收的救灾捐赠款物应当在本公告发布后15日内转交给县级以上人民政府民政部门或其委托的社会捐助接收机构、红十字会、慈善会等具有救灾宗旨的公募基金会”。如果有NGO在公告发布后仍向公众募款、募物并自行向灾民发放，则违反了此公告的要求。

NGO重建项目在和政府合作的过程中，也将会有更多的机会通过“政府购买服务”获得政府的资金支持。根据清华大学公共管理学院NGO研究所所长邓国胜团队的统计，汶川地震760亿元的捐款中，80%左右流入了政府财政，最终成了政府的“额外税收”。对此，社会公众提出了广泛的质疑，但是，这种局面近年来正在逐步改善。随着NGO自身能力的提升以及政府对NGO支持力度加大，越来越多的政府部门将原来由政府直接承担或通过事业单位承担的公共服务事项，以合同方式交给有资质的NGO完成，并根据后者提供服务的数量和质量，按照一定标准进行评估后支付服务费用，以此构建中国特色社会主义社会管理体系。

（二）受赠者与捐赠者共同营造良好的捐赠公益氛围

目前，草根NGO组织鲜有实现“自我造血”功能的，大部分NGO依然通过寻找捐赠对象作为筹款的策略，尤其在灾后重建过程中，资源需求量大，更需要营造一个良好的捐赠公益氛围。

对基金会、政府等部门的资助，NGO规范项目的运作和管理，保证项目按计划实施，解决具体的社会问题，满足社区和社会的需求，承接起NGO的社会职能。尤其在财务管理方面，NGO需要确保财务的规范和透明，随时接受资源供给方的监督和审计。项目过程中的监督评估也同样重要，适时要求独立第三方参与评估，更能客观真实地反映出NGO工作的成效和不足之处。通过持续的努力，扎实的基层工作，对服务人群的真实感情投入，以及对细节的注重，NGO的重建工作必将获得捐赠者等各方的认同，建立受赠者和捐赠者的互相信任和长期合作关系。

对于来自公众的个人捐款，其意义将更大。许多NGO比较后得出结论，个人一百元捐款的意义大于基金会的一万元。因为，个人所捐出“钱”的背后，还包括他（她）对NGO的关注与认可，作为志愿者参与NGO活动的愿望，和NGO机构的长期联系，以及为NGO引入更多资源和发展机会的可能。个人捐款的意义不仅在于捐款本身，还在于NGO公信力的提升，还在于公众捐款习惯和意识的提升。当然，更大的意义同样意味着更大的责任。NGO在使用公众捐款时，除了同样要保证项目和财务管理的规范，还需要根据个人捐赠者的意向细化其所捐资金的具体用处。并且，NGO还需要尽可能减少行政支出比例，将“好钢用在刀刃上”。

然而，当前我们公益事业不成熟的现状也包括捐赠者的不成熟。在救灾和灾后重建项目中，难免出现受赠者和捐赠者理念和工作方法不一致的矛盾。比如，捐赠者意愿和受赠者自主独立性的矛盾，对项目执行适当监管和过度干涉的矛盾，社区参与性和项目效率的矛盾，社区能力建设长期性和项目一定周期的矛盾，捐赠者期待和NGO有限能力的矛盾等。这些矛盾都需要受赠者和捐赠者之间平和、充分的沟通交流，多进行“换位思考”。捐赠者需要在尊重和理解的前提下，倾听受赠者的想法，结合自身的经验和专业给出有价值的建议。受赠者也需要将项目中的发现和问题如实反馈，虚心倾听捐赠者的建议和观点。通过双方的共同努力，营造一个良好的捐赠公益氛围。

（三）加强灾后重建的专业化能力

近两年，通过玉树地震、雅安地震、岷县地震、鲁甸地震等灾难的考验，众多草根NGO已逐渐成长起来，并积累了一定的救灾经验，在资源动员、政府合作关系、物资发放协调等方面表现出其专业性。但是灾后重建是一个漫长的过程，通过绿驼铃的灾后重建案例启发，甘肃NGO组织应在以下几方面加强能力建设和做好心理准备：

第一，紧急救援只是一个开始，希望有更多的组织能够结合自己的战略目标，选择合适的关注点长期参与灾后重建，参与组织要有长期陪伴社区成长的准备，做出长期承诺。从灾区的需求来看，一些偏远闭塞地区或一些弱势人群在重建阶段的很长时间内获得的外界援助非常有限，而灾后重建阶段的持续时间更长，涉及房屋重建、经济重建、文化重建等诸多复杂领域，这都需要大量的有相关专长NGO的长期参与。从NGO自身内部看，它的核心使命和价值应该是“雪中送炭”而非“锦上添花”，核心优势在于提供专业的社会服务。

第二，始终坚持参与式的发展理念，挖掘保护本土文化，尊重当地人的知识与文化，以发展社区居民的能力为本，通过各种途径增强社区凝聚力及对公共事务的关注度和参与度，增加社区居民对社区的认同感和归属感。

坚持“参与式”并不是把“参与式”放在口头上和报告中就可以的，这需要参与项目的人员从根本上接受和认同参与式理念，始终把“人”放在首位，尊重人，尊重每个人的知识体系。具备参与式理念后，对参与式工具的使用便只是技术问题。对参与式书籍资料的学习，在实践中不断地运用和思考总结，邀请参与式经验丰富的老师一起去社区走访调查，在过程中观摩和请教，相信通过以上努力，每一个NGO从业者都可以较好地掌握参与式工作方法和技巧。

第三，注重项目的风险评估，经验的总结与反思，按照程序规范、管理透明、严格自律的原则来运作项目，与重建区的社区居民共同成长，共同应对社区经济、社会、文化生活等方面的全面重建。

灾难过后，除了社区的房屋、道路等遭受严重破坏，社区中原有的社会秩序、生活生产方式等也面临着巨大的变化。社区自身的多样性，加上灾后的不确定性，都将转变成灾后重建项目中的诸多挑战。俗话说“磨刀不误砍柴工”，NGO在开展灾后重建项目前切不可操之过急。一定要在对项目各种风险系统综合评估，制订每种风险的应对方案后，再循序渐进地开展。

如本文绿驼铃案例中提到的，社区环境和外部政策等因素造成项目延期和某些目标未实现。如果在项目执行前做好充分的风险评估和预案，即使无法完全避免各种风险的产生，但风险预案可以帮助绿驼铃减少风险发生的概率，也能帮助绿驼铃在风险发生后按预案有条不紊地应对。

第四，不同类型的NGO应根据各自领域和专业确定参与灾后重建的内容和方式。随着社会的发展进步，社会和灾区对灾后重建的需求也更加具体和多元化。这要求NGO在参与救灾和灾后重建时，不但要关注到灾区和灾民在“衣食住行”方面的基本需求，还要考虑到文化、健康、心理、教育、环境等更多类型的不同需求。甘肃省内NGO虽然从实力和总体数量上来说，仍有许多有待发展的地方，但经过十多年的发展，在环保、教育、健康、扶贫等各个领域都有专注于此的NGO。甘肃NGO在参与灾后重建时一定要和自身的领域及专业特长相结合。比如本文中分享的绿驼铃将灾后重建和环保结合，在重建过程中引入生态环保房和社区美化活动。以往的灾后重建项目中，甘肃NGO也在项目中融入了社区发展、心理健康、大学生支教、少数民族文化传承等项目内容，充分发挥了NGO的专长和特色。今后的灾后重建项目仍需要NGO发挥聪明才智，根据灾情和需求，以专业的视角和方式介入灾后项目，产出更大的影响和效果。

第五，充分发挥志愿者资源，以公众之力量，共同实现项目目标。2008年汶川地震后，无数各行各业的志愿者自发行动起来，有钱出钱，有力出力，以各种方式参与救灾和重建工作。2008年也因此被称为“志愿者元年”。NGO组织来源于公众，服务于公众。这种和公众的紧密联系蕴藏着丰富的志愿者资源。随着志愿精神的普及，越来越多的人群自发参与到各种公益服务活动中。这些志愿者资源也是NGO的宝贵和重要资源。志愿者的参与帮助NGO大大地减少了人力成本，获得所需领域的专业支持。NGO的项目和引导也为志愿者充分发挥技能和爱心提供了平台和各种辅助保障。

我国民间环保组织的作用

——以绿色浙江为个案

忻　皓　李　薇　申屠俊

忻皓，高级环境督导师。现任中华全国青年联合会委员、浙江省绿色科技文化促进会副会长兼副秘书长、彩虹人生党支部书记，曾获中国青年五四奖章、中国“母亲河”奖、中国志愿服务金奖、中国水环保年度公益人物、浙江青年五四奖章、“最美浙江人——青春领袖”、杭州市十大杰出青年。2000年在浙江大学就读期间发起“千年环保世纪行”骑自行车环浙江宣传环保，此后与他的老师阮俊华共同创办浙江首家民间环保组织“绿色浙江”。

作为浙江省最大的民间环保组织，绿色浙江在过去十五年间，在实践中逐步成长，其整合社会各界资源，用创新的手段和国际化的视野，积极推进了浙江环保事业的发展。尤其是近两年来，绿色浙江在一些社会热点事件中，较好地承担传声筒、减压阀、缓冲带的作用，助力推动了浙江五水共治、垃圾分类等工作。

一、概述

20世纪90年代开始，民间环保组织逐渐在推进我国环保事业中发挥作用。1994年，自然之友在北京成立，成为中国最具影响力的民间环保组织。1999年，浙江工业大学、浙江大学先后建立了学生环保社团浙江工业大学绿色协会、浙江大学学生绿之源环保协会，成为浙江最早大学生环保社团。2000年，浙江大学绿之源环保协会的两位同学忻皓、黄金海骑自行车环浙江宣传环保，发起“千年环保世纪行”活动，受到了时任浙江大学党委书记张浚生、浙江省环保局局长张鸿铭的亲自关注和大力支持。活动结束之后，在相关成果基础之上，活动总策划、浙江大学环境与资源学院团委书记阮俊华老师和忻皓等共同发起了浙江历史上第一家民间环保组织，并在2001年底正式注册为浙江省青年志愿者协会绿色环保志愿者分会，时任团省委书记葛慧君亲自授牌。

绿色浙江成立15年来，其核心团队和影响力不断扩大，其在实践中逐步成长，社会空间也越来越大。绿色浙江整合社会各界资源，建立了绿足迹企业同盟、大学生联盟、根与芽小组等不同群体的专业团队，并用创新的手段和国际化的视野，推进浙江环保事业发展。尤其是近两年来，绿色浙江在一些涉及环保的社会热点事件中，较好地承担传声筒、减压阀、缓冲带的作用，助力推动了浙江五水共治、垃圾分类等工作。

二、组织发展

绿色浙江是专业从事环境服务的公益性、集团化社会组织，由“地球奖”获得者、浙江大学教师阮俊华和他的学生、中国青年志愿服务金奖获得者忻皓于2000年6月创建，主要致力公众环境监督、生态社区建设、公众教育传播3大领域，是浙江省最早建立、规模最大，也是在中国最具影响力的民间环保组织之一。

其主要特点有：

1．集团化。绿色浙江旗下拥有浙江省绿色科技文化促进会、杭州市生态文化协会两家社会团体，杭州市下城区春晖慈善商店一家民办非企业单位。

2．规范化。绿色浙江有着健全的12项制度，并且有专人负责监管落实，是中国首家获得社会组织评估5A级的民间环保组织。

3．组织化。绿色浙江有26位专职人员，另外还建立3个月一轮的实习生计划。其党、团、工会建制完整。

4．国际化。绿色浙江是国内参与国际事务较多的环保社团之一。

三、民间组织推动浙江全面治水

（一）为环境监督工作开发协作互动地图

2006年，绿色浙江受公众环境研究中心委托，担任“中国水污染地图”的技术开发工作。此后，绿色浙江开始追求一种更为完美互动的环境信息平台。2010年，绿色浙江秘书长忻皓和他在美国克拉克大学留学期间的同学共同开发的钱塘江水地图一期问世，2011年，基于Ushahidi系统平台为基础的二期地图开发完成，从而可以让市民通过网站或手机应用进行污染实时举报和获取预警信息。2013年，钱塘江水地图改名为环境观察，综合汇集各类环境信息。

2014年，绿色浙江和浙江鸿程智慧联合开发了可以让公众定位举报的“环境观察”手机应用，并于2014年4月启动开通，环境观察也被下载了近400次。浙江团省委、杭州团市委也曾在“保护母亲河”行动的文件中，推荐青少年下载使用“环境观察”手机应用。

环境观察APP是集合环境污染举报、环境新闻分享、环境信息抓取、公众活动参与等功能与一体的手机应用。APP开发的初衷鉴于简化绿色浙江原有的在Ushahidi系统平台为基础开发的污染举报地图。通过加载不同栏目完善污染举报和环境信息共享功能，为绿色浙江公众协作互动型环境监督工作的开展搭建平台。

该平台通过公众实时的网络和移动通信维护数据，全面推动了环境信息公开，丰富了市民举报污染途径，帮助了执法机构举证和便捷、准确地找寻污染源并查处。通过环境观察平台，一方面形成志愿者监督团队，另一方面项目通过与浙江省环境执法稽查总队和地方环保执法部门合作，对公众所举报的污染源进行查处。这种合作方式的建立，促使该项目不仅仅实现了环境信息的公开，更以解决问题为导向。从2011年至今，协会组织巡护10万余公里，协助政府查处污染事件数十起。

绿色浙江以“钱塘江护水者”为品牌的10余年环境监督工作，获得了各界的高度关注和支持。2012年9月，绿色浙江参与浙江卫视王牌励志节目《中国梦想秀》，在更大舞台上宣传保护钱塘江。2012年10月，浙江卫视《浙江新闻联播》分三篇播出了以“创造两富新业绩，迎接党的十八大”为主题的《钱塘江护水者》专题报道。2012年5月，协会水保护项目负责人忻皓还受聘担任了水资源管理国际标准制定委员会委员，成为中国民间组织参与国际标准制定的典范。2013年5月，浙江省委书记夏宝龙亲自接见了钱塘江护水者团队代表，省委副书记王辉忠亲自为钱塘江护水者颁奖。2012年以来获得的荣誉包括：联合国环境规划署生态和平领导项目“生态城市最佳项目奖”（2012）、中国水环保年度公益人物奖（2011、2013）、“芯世界”公益创新奖技术应用奖（2012）、公益中国奖（2012）、浙江省十大杰出志愿服务集体（2012）、第二届中国公益慈善项目大赛创意类银奖（2013）、中国企业绿色发展论坛年度清馨最佳环保公益案例奖（2013）、杭州市十大杰出青年（2013）、浙江环保民间力量先锋榜（2014）、浙江青年五四奖章（2014）。值得一提的是，2015年5月4日，绿色浙江秘书长忻皓作为第19届中国青年五四奖章获奖者，在北京人民大会堂受到了中共中央政治局委员、国家副主席李源潮的亲切握手接见。

绿色浙江于2013年12月拍摄首部微电影《标记》，记录了钱塘江护水者开发环境观察平台的故事。此外，绿色浙江长期作为第三方参与浙江省环境执法稽查总队检查，绿色选择联盟（GCA）审核企业环境表现。忻皓还受聘担任浙江省环境保护厅政风行风监督员、杭州市环保系统行风（效能）建设监督员。绿色浙江还建立代表委员联盟，将相关信息及时通过人大代表、政协委员进行提交。

（二）借势“游泳”推动“五水共治”

浙江温州商人金增敏于2013年2月因家乡河流污染严重悬赏环保局长下河游泳引起悬赏游泳热潮。一时间，“请环保局长下河游泳”，成了当时网络的流行语。绿色浙江随即发表声明，提出清洁河道清理不仅是政府的事情，更需要依靠公众的共同参与，依靠公众的意识提升、行为改变。2013年4月起，绿色浙江联合浙江卫视共同策划推出大型新闻行动“寻找可游泳的河”，由绿色浙江的志愿者提供新闻线索，总共报道136期系列报道，引起了广泛关注和强烈反响，浙江省委书记夏宝龙在此期间专门写了《给全省县市区委书记的一封信》，要求各地高度重视“寻找可游泳的河”中曝光的和群众反映强烈的环境保护问题，必须举一反三，立即整改，务求实效。夏书记还亲赴报道关注的浦江县调研，推动浦阳江综合治理，从此浙江全面治水的行动开始在省委省政府高层酝酿。之后，绿色浙江先后联合浙江卫视在8月推出“横渡钱塘江，畅游母亲河”活动，连续9天特别报道，促成钱塘江护水者与浙江省环保厅领导共同横渡母亲河。12月，又推出全国省级卫视平台、浙江省级电视媒体的首次电视问政节目“治水面对面”，由绿色浙江的百名志愿者和人大代表们，共同向浙江七地领导面对面进行治水问政，在浙江政界引起了相当大反响。

（三）吾水共治倡导全民参与

2014年，为响应省委省政府“五水共治”行动，推动公众参与，绿色浙江以“家园之水是吾水，五水共治是吾责”为主题，联合阿里巴巴公益基金会共同推出绿色浙江“吾水共治”行动。这项行动包括三块内容：

第一，与浙江电视台钱江都市频道《范大姐帮忙》栏目联合录制《吾水共治圆桌会》，我们在全省11个地市各选一条河，分别邀请利益相关方，现场解决治水中的矛盾冲突，共同合力治水。我们陆续录制播放了在杭州备塘河、温岭山下金河、东阳卢三小溪、瑞安龙河、奉化方门江、嵊州小崑江、丽水大溪、嘉兴平湖、舟山前门畈河、安吉双溪河道、开化钱江源的报道。

第二，经过一年半的努力，绿色浙江推动了杭州市正式推出“民间河长”。杭州市河道监管中心在今年要整治的47条杭州市区河道中，选拔了56个民间河长，其中绿色浙江秘书长忻皓还被选为杭州民间总河长，由市长张鸿铭亲自为他授旗。杭州民间河长还建立了有效机制，政府责任河长需要和民间河长对接共同推进治水。而为推动各地民间河长工作的开展，绿色浙江还专门建立了绿色浙江民间河长委员会。

第三，绿色浙江联系杭州市河道监管中心对2015年即将整治的河道中的7条河道，面向全社会开展方案征集创意大赛，这给了社会各界参与河道治理的很好机会。

从“悬赏环保局长下河游泳”到推动省委省政府“五水共治”，到设计推动全民参与的绿色浙江“吾水共治”，绿色浙江借着全民关注的势头，一步步引导社会各界力量参与治水。

三、民间组织推动垃圾分类

（一）生态社区项目推动垃圾议题

协会在万通公益基金会的支持下，在杭州市上城区西牌楼社区尝试推广建立生态社区的示范样板。结合社区实际情况，协会建立社区志愿者团队并进行能力建设培训，建立社区居民、社区居委会、专家、企业、社会组织等各利益相关方的合作机制来推动生态社区的建设。硬件上已经实现了太阳能利用、社区雨水收集、餐厨垃圾变肥料、落叶堆肥等设施，同时社区在协会的指导下建立了环保服务队，开展了涵盖废物利用、旧物置换、家庭种植等环保内容的环保活动。在西牌楼社区的经验基础上，形成生态知识传播、生态技术植入、参与式社区治理的“三横”和能源、水资源、绿化和种植、废弃物的“四纵”生态社区模式。2013年，协会受中央财政支持社会组织参与社会服务项目和万通公益基金会资助，在杭州市下城区文晖街道现代城社区开展生态社区项目。2013年6月，生态社区获得2012年度杭州年度生活现象总点评最佳活动奖。2014年3月，生态社区项目作为中央财政支持社会组织示范项目的典型，在郑州介绍经验 。

（二）智慧绿房成为社区垃圾解决方案

智慧绿房是绿色浙江在实施生态社区项目中，为解决社区垃圾问题，整合绿足迹企业家资源而形成的成套解决方案。智慧绿房集成了可回收垃圾的智能回收系统，可以让市民通过垃圾回收行为获取碳币用于社区停车及超市消费。同时，太阳能发酵天然有机垃圾处理系统能让厨余垃圾在这里就地处理成有机肥料，通过科技与公众协作共同让垃圾归队。2013年9月，该项目获得第二届中国公益慈善项目大赛创意类金奖。

（三）衣物重生

2014年4月15日，杭州市社区废旧衣物循环再生项目在杭州市下城区文晖街道和平广场启动。这是绿色浙江、浙江之声和杭州申奇废品回收连锁有限公司共同发起的，旨在让看起来没用的旧衣找到更好的去处，以废旧衣物回收循环再用项目为内容的“垃圾归队”专项活动，该项目英文名称定为“ReCloth”。市民可以将旧衣服放到一个写着“废旧衣物回收专用”的大熊猫箱里，经过专人分类挑选，进入工厂二次处理后再利用。项目可以减少社区生活垃圾产生量和因填埋产生的对环境的影响，实现废旧衣物捐赠或再生为手套、围巾、地毯、拖把等捐赠于有需要的群体。

“垃圾归队”项目已于在2014年底前，完成以下5项目标：

1. 设立废旧衣物回收点杭州共2000个，浙江其他地方共1000个。

2. 废旧衣物循环再生宣传活动共100场。

3. 八成新以上衣物捐赠。

4. 捐赠部分八成新以下废旧衣物再生的物资。

5. 培训社区环保员200名。

2014年1月，绿色浙江社区废旧衣物回收再用试点项目获得了中央财政支持社会组织发展项目B类试点项目的正式立项，9月，该项目在深圳举行第3届中国公益慈善大赛中，一举获得全国金奖和大赛仅有的两个创新奖。同年10月，绿色浙江“衣物重生”项目，以总成绩第一成为杭州市首届公益创投大赛金奖项目，杭州市委副书记、市长张鸿铭亲自为绿色浙江颁奖。

四、民间组织的工作特点

（一）民间组织能够并且善于整合社会各界的资源

绿色浙江是一家自下而上的民间环保组织，由于其草根性和资源的相对匮乏，使得其无法依赖于政府的特定资源，转而向社会各界寻求资源的整合。

绿色浙江建立15年来，分别建立了以大学生、中小学生、企业为群体的会员直属协作平台，和新闻媒体的联络平台，动员社会不同层次能够加入到环保工作中。

2002年，绿色浙江的15家高校环保社团的团体会员在“地球奖”获得者、浙江大学阮俊华老师指导下，共同发起建立绿色浙江高校联盟，先后改名为浙江大学生绿色论坛、绿色浙江大学生联盟。13年来，绿色浙江大学生联盟共吸引了70多家高校社团以单位会员或列席单位会员身份加入，为我省青年大学生参与环保事业、服务生态省建设提供了良好的活动平台，先后获得中国青年志愿服务优秀项目、SEE生态奖、福特汽车环保奖、浙江省志愿服务优秀集体等荣誉。

2004年，绿色浙江和上海根与芽青少年活动中心合作，面向浙江中、小学校建立环保交流合作平台浙江根与芽环境文化俱乐部，后更名为浙江根与芽项目组、绿色浙江根与芽项目组，由上海根与芽办公室和绿色浙江共建，定期签约，凡浙江的根与芽小组都由绿色浙江组织和管理。根与芽是国际性的环保项目，它主要的活动形式是开展社区公益活动和环保教育项目。20多年来，超过130 个国家和地区已有近 16000个根与芽小组活跃在世界各地的学校、社区和企业中，根与芽改变了数十万学生的行为和态度，他们通过主动参与诠释了“每个人都能带来变化”。目前，绿色浙江已有30多所根与芽成员学校。

2012年9月，绿色浙江联合浙江大学全球浙商研究院、求是强鹰俱乐部和中国杭州低碳科技馆共同倡导，盾安集团、世导集团、浙江迅华科技有限公司、伟基建设集团有限公司、浙江新能量科技有限公司、双枪竹木科技股份有限公司等单位共同发起建立了以“低碳自律、低碳互惠、低碳宣传”为宗旨的绿足迹企业同盟。绿足迹企业同盟下设水环境专业委员会、大气环境专业委员会、固废专业委员会三个专业委员会，现有成员企业60家左右。

绿色浙江与电视、电台、平面媒体和新媒体间都建立了比较广泛的合作关系，与不少媒体有着经典的合作策划。如与浙江卫视先后推出的“寻找可游泳的河”“给垃圾找个家”等，绿色浙江还因此获得2013年浙江卫视重大项目新闻协作奖。2014年与浙江卫视推出“吾水共治”圆桌会，与杭州电视台联合推出“科学＋钱塘论坛”。绿色浙江还积极争取在主流节目中的报道。2014年4月，绿色浙江参加《中国梦想秀》，并筹资25万元。

在整合社会资源过程中，绿色浙江还依托于下城区文晖街道等，获得了不少在地资源。如文晖街道向其免费提供了一些办公场地、慈善商店经营场所等。再如格临检测与其合作建设绿色浙江公众环境监测实验室。

（二）成熟的民间环保组织可以在社会热点事件中，很好地承担传声筒、减压阀、缓冲带的作用

近年来因环境问题引起的社会热点事件增多，能够具有大局意识，既能够发挥传声筒、减压阀、缓冲带的作用，又能够推动社会治理手段提升，也是民间组织成熟的重要标志。

2011年起，绿色浙江在杭州千岛湖引水工程所引发的公众舆论中，便扮演了重要的信息传递调解工作。绿色浙江一面及时将意见领袖的主要意见传递到有关部门，另一面及时向可能过激的意见人物传递正能量。

2013年12月发生的杭州自来水异味事件中，绿色浙江通过民间组织自己的声音对自来水异味原因进行解析，并引导公众正确对待突发事件的应对。

2014年5月，针对杭州垃圾焚烧厂建设困局，绿色浙江发表自己的见解，2天时间阅读5万余次，转载2700多次，有效地传递了社会正能量，推动了事件向科学理性方向的转变。同月，载有四氯乙烷的槽罐车侧翻，危险化学品流入富春江，造成部分水体受到污染后，绿色浙江针对危化运输也提出三问：针对危化品的运输有无违反危化禁行规定、是否会出台更严格的措施、钱塘江流域的产业布局，助力事件的科学理性推进。

近年来，绿色浙江在社会热点事件中，一手抓各部门、各高校、各会员企业的专家，建立第三方独立的专家团队;另一手抓政策倡导出口，组建了有几十位全国和地方的人大代表、政协委员共同参与的绿色浙江代表委员联盟，通过全国和地方两会积极建言献策。绿色浙江已经全面影响了浙江媒体记者在环境领域的采访报道习惯，有力地推动了全民的参与。同时，绿色浙江加强与业务主管部门的联系互动，在实践中探索民间环保组织可以承担的传声筒、减压阀、缓冲带作用。

（三）一些民间环保组织具有创新的手段和宽广的国际视野

绿色浙江充分利用创新手段开发项目，其研发的公众协作互动的钱塘江水地图平台，以及生态社区中的社区垃圾综合处理方案“智慧绿房”，废旧衣物回收项目等，近年来获得了联合国、全国性的不少大奖。

此外，绿色浙江多次参与国际性会议和平台。绿色浙江秘书长忻皓还担任水资源管理国际标准制定委员会委员职务。绿色浙江的员工还曾受“中国——欧盟”民间组织交换项目支持，赴欧洲交换工作。绿色浙江曾接纳过21个国家的40余名实习生，秘书处核心成员赴海外参加会议交流超过30余人次，具有宽广的国际视野。

五、结论

绿色浙江的实践证明，中国民间组织不但可能推动环保事业的工作，甚至可能助推和改变政府的中心工作。这一方面说明，中国在改变，这个国家和共产党正以更加开放的姿态去面对问题、迎接挑战，正在尝试和公民团体互动推动社会的变革。另一方面，民间环保组织也可以把握住这个有利时机，在推动环保事业中，进一步扩大其生存空间。

媒体与设计学院
SCHOOL OF MEDIA & DESIGN

上海交通大学媒体与设计学院

院长寄语

上海交通大学媒体与设计学院成立于2002年9月。我院学科教学与科研追求文理渗透、学科交叉、国际化、数字化、产学研一体化的特色。我院拥有教职工109名：其中教授（含研究员）23人，博士生导师25人。包括教育部长江学者讲座教授2名，教育部跨世纪优秀人才、教育部新世纪优秀人才5人，国家外专局高端外国专家、上海市东方讲座教授1人，享受国务院特殊津贴专家2人，SSCI期刊编委2人。

学院拥有新闻与传播系、电影电视系、设计系、文化产业管理系。在2012年教育部一级学科评估中我院新闻传播学科为前10位，设计学科为前13位；在2012年以来，世界主要大学排行榜单QS的学科排名中我院传播与设计学科均进入世界百强。

欢迎海内外同仁、各界英才、青年学子，与我们携手共同开创未来，再铸辉煌！

院长 李本乾

上海交通大学
SHANGHAI JIAO TONG UNIVERSITY

Research Center for Environmental Journalism.
环境新闻研究中心

香港漆宝国际集团总裁
姚传敏先生
在2014中国环境新闻记者年会现场

上海交通大学
环境新闻研究中心
简介

上海交通大学环境新闻研究中心，是由上海交通大学创建、上海交通大学媒体与设计学院托管的学术研究、教学与服务社会于一体的公益机构。

研究中心的运作资金建立在上海交通大学“水清漆宝—环境新闻研究基金”基础之上。该基金由香港漆宝国际集团总裁姚传敏先生捐资创建，目的在于从新闻传播学领域推动中国环境保护的公益目标。环境新闻研究中心除了正常的环境新闻研究与教学之外，还集中于两个社会公益目标：服务于社会的“中国环境新闻记者年会”与提供公共信息与学术研究资源的《中国环境新闻研究》（年卷）。

中国环境新闻记者年会
Chinese Environmental Journalists Annual Conference